Veronika Pichl

LUNCHBOX für Kinder

Veronika Pichl

LUNCHBOX für Kinder

Kreative und gesunde Rezepte zum Mitnehmen

riva

Bibliografische Information der Deutschen Nationalbibliothek
Die Deutsche Nationalbibliothek verzeichnet diese Publikation in der Deutschen National bibliografie. Detaillierte bibliografische Daten sind im Internet über http://dnb.de abrufbar.

Für Fragen und Anregungen
info@m-vg.de

Wichtiger Hinweis
Ausschließlich zum Zweck der besseren Lesbarkeit wurde auf eine genderspezifische Schreibweise sowie eine Mehrfachbezeichnung verzichtet. Alle personenbezogenen Bezeichnungen sind somit geschlechtsneutral zu verstehen.

Originalausgabe
3. Auflage 2024

Türkenstraße 89
80799 München
Tel.: 089 651285-0

Redaktion: Sarah Holzwarth
Umschlaggestaltung: Maria Verdorfer
Umschlagabbildungen und Rezeptbilder: Stephanie Just
Shutterstock.com: S. 10: Rido; S. 11: Konstantin Aksenov; S. 13: Ekaterina Markelova; S. 15: fizkes; S. 16: catalin eremia; S. 18: Aleksei Potov; S. 19: gpointstudio; S. 158: Flaffy;
Satz: inpunkt[w]o, Haiger (www.inpunktwo.de)
Druck: Florjancic Tisk d.o.o., Slowenien
Printed in the EU

ISBN Print 978-3-7423-2242-5
ISBN E-Book (PDF) 978-3-7453-2023-7
ISBN E-Book (EPUB, Mobi) 978-3-7453-2024-4

Inhalt

Notizen

Leckere und ausgewogene Ideen für die Kinder-Lunchbox, Bento Box oder Brotdose

Die Auswahl an Lebensmitteln ist riesig, da können Eltern schnell den Überblick verlieren. Hinzu kommt, dass viele im Überfluss vorhandene Lebensmittel eine einseitige Ernährung fördern. Dabei ist es gerade für Kinder wichtig, dass die Brotdose aus vielen verschiedenen Nahrungsmitteln besteht. Der Körper von Kindern und Jugendlichen ist anderen Belastungen ausgesetzt und befindet sich zudem noch im Wachstum. Eine abwechslungsreiche Zusammenstellung der Lunchbox ist wichtig, damit die Heranwachsenden alle benötigten Nährstoffe bekommen und in Schule und Sport leistungsfähig bleiben. Das gilt unabhängig vom Alter des Kindes, da sich das Wachstum des Körpers über die gesamte Schulzeit fortsetzt. Mit der Einhaltung von ein paar Regeln können Eltern das Wachstum und die Leistungsfähigkeit der Kinder optimal unterstützen.

Dieses Buch zeigt Ihnen, wie Sie leckere und ausgewogene Snacks für Schule und Kindergarten zusammenstellen können. Und das Beste daran: Unsere gesunden Lunchbox-Ideen für Kids sehen auch noch bunt und ansprechend aus und überzeugen so selbst kleine Obst- und Gemüse-Muffel.

Das richtige Gleichgewicht in der Ernährung bei Kindern

Atmung, Bewegung, Spielen, Denkprozesse, Kreativität, Wachstum: Der Körper benötigt für alle Funktionen Energie in Form von verschiedenen Nährstoffen. Fehlen wichtige Stoffe, dann sinkt die Leistungsfähigkeit des Körpers in einem oder mehreren Bereichen. Dauerhafte Müdigkeit, Inaktivität, Lustlosigkeit, Konzentrationsprobleme und unkontrollierbarer Heißhunger sind mögliche Folgen. Schlimmstenfalls kommt es zusätzlich zu Unter- oder Übergewicht. An dieser Stelle wird schon deutlich, warum die gesunde Ernährung besonders bei Kindern in Kindergarten und Schule wichtig ist: Das Spielen und das tägliche Lernen verlangen eine hohe geistige Leistungsfähigkeit des Körpers, der sich gleichzeitig im Wachstum befindet.

Die tägliche Aktivität des Kindes spielt ebenfalls eine wichtige Rolle bei der Zusammenstellung der Mahlzeiten.
In der Schule sitzen die Kinder viele Stunden am Tag und arbeiten mit dem Kopf. Viele Menschen in einem Raum verbrauchen den Sauerstoff in der Luft. Das senkt langfristig die Leistungsfähigkeit, weshalb die »Hofpause« zwischen den Stunden wichtig ist. Als zusätzlichen Ausgleich in der Freizeit bieten sich körperlich aktive Sportarten und Bewegung an der frischen Luft an. Das macht mit Freunden zusammen noch mehr Spaß. Hier müssen die Eltern wiederum beachten: Viel Bewegung und Aktivität steigern den Bedarf an Nährstoffen. Je aktiver sich das Kind körperlich betätigt, umso mehr Energie und Nährstoffe verbraucht es und muss diese auch wieder aufnehmen.

Die meisten Menschen denken bei kontrollierter Ernährung an den Brennwert in Form von Kalorien. Bei der Zusammenstellung von Mahlzeiten für Kinder ist der Brennwert jedoch weniger wichtig, sondern vielmehr die Art der Lebensmittel und die Verteilung der Mahlzeiten über den Tag. Dabei sollten Eltern beachten, dass es durchaus Phasen gibt, in denen das Kind mehr oder weniger isst als üblich. Das ist völlig normal und kein Grund zur Beunruhigung. Mit einer ausgewogenen Ernährung bleibt das Kind in jeder Phase leistungsfähig und ist den

Aufgaben des täglichen Kinderlebens gewachsen. Die Eltern sollten dabei nicht nur beobachten, sondern auch Rücksprache mit dem Kind bezüglich des Inhalts der Lunchbox halten.

Ausreichend trinken und ausgewogene Ernährung für Kinder

Im frühkindlichen Alter sind alle Kinder neugierig und möchten am liebsten alles ausprobieren. Das zeigt sich schon beim ersten Griff nach dem belegten Brot der Eltern, wenn das Kind noch mit Brei gefüttert wird. Diese kindliche Neugier sollten die Eltern unterstützen, denn schwierige Phasen mit »Das esse ich nicht!« kommen noch früh genug. Man sollte lediglich auf Ernährungsempfehlungen bezüglich des Alters und auf eventuelle Allergien achten.

Viele Körperfunktionen werden über die Flüssigkeitszufuhr geregelt. Als generelle Empfehlung für Erwachsene gelten 2 bis 3 Liter täglich, bei Kindern ist der Wert geringer. Kinder zwischen einem und vier Jahren sollten zwischen 0,8 und 0,9 Liter trinken. Im Alter von zehn Jahren gilt ein Richtwert von 1,0 bis 1,2 Litern.

Wasser und andere ungesüßte Getränke wie Kräuter- und Früchtetee oder Fruchtsaftschorlen füllen den Haushalt des Körpers schnell auf. Besonders nach körperlichen Aktivitäten sollten die Kinder etwas trinken, da der Körper beim Schwitzen viel Flüssigkeit verliert. Die Richtwerte sind dabei aber nicht in Stein gemeißelt, denn durch viel Betätigung kann der Bedarf auch über die angegebenen Werte hinaus steigen. In jedem Fall sollten die Kinder auch in Kita und Schule reichlich zu trinken (idealerweise Wasser) dabeihaben.

Frische Lebensmittel auf pflanzlicher Basis stellen eine der wichtigsten Grundlagen gesunder Ernährung dar. Obst, Gemüse, Kartoffeln und Getreideprodukte (bevorzugt Vollkorn) liefern Mineralien, Vitamine und Ballaststoffe und sorgen für ein langanhaltendes Sättigungsgefühl. Diese Lebensmittel sollten einen sehr großen Anteil an der täglichen Ernährung haben. Sie liefern Energie, fördern das Wachstum des Körpers in allen Phasen und lassen sich durch Kombinationen mit Beilagen geschickt »unterjubeln«.

Tierische Produkte wie Fleisch, Fisch, Milch und Ei enthalten viele Proteine. Diese sind sehr wichtig für das Wachstum und sollten daher in jedem Alter im Speiseplan enthalten sein. Die in Fleisch und Milch enthaltenen Fette liefern viel Energie für den Körper und führen nicht automatisch zu Übergewicht, wie oft vermutet wird. Sofern das Kind genug Bewegung hat, können gefahrlos einige fetthaltige Lebensmittel verzehrt werden. Wichtig ist nur, dass diese Lebensmittel nicht den Hauptbestandteil der Ernährung ausmachen, sondern als wichtiger Baustein des Gesamtkonzepts eingesetzt werden. Milch enthält zudem Kalzium, welches für den Knochenaufbau benötigt wird.

Zuckerhaltige Lebensmittel sind in der modernen Gesellschaft im Überfluss vorhanden, sollten aber nur sehr dosiert eingesetzt werden. Das betrifft alle Formen von Süßspeisen, Fertigmahlzeiten, Schokolade, Chips und anderen Süßigkeiten. Zucker liefert sehr viel Energie und wird vom Körper schnell aufgenommen. Zu viel Zucker fördert allerdings Heißhunger auf mehr Zucker und sorgt für ein Überangebot an Energie. In der Folge wird das Kind unruhig und unkonzentriert, weil es die aufgenommene Energie nicht umsetzen kann. Außerdem greift Zucker die Zähne an und kann schnell zu Übergewicht führen. Ein wenig Süßes ist grundsätzlich kein Problem, sofern sich das Kind überwiegend von gesunden Lebensmitteln ernährt. Bei einer Brotdose lässt sich das z. B. einrichten, indem neben süßen Lebensmitteln auch frische und gesunde Dinge eingepackt werden. Ist am Abend alles leer, ernährt sich das Kind ausgewogen.

Lunchbox für Kinder – ausgewogene Ernährung in der Pausendose

Die Mahlzeit in Schale werfen – so macht gesundes Essen Spaß

Die richtige Verpackung und Aufmachung sind nicht immer leicht zu finden. Die Präsentation der Mahlzeit ist aber durchaus wichtig. Dabei muss alles schnell zugänglich bleiben, denn die Kinder verbringen ja nicht die ganze Pause mit dem Essen. Sie wollen auch noch reden, spielen oder auf die Toilette gehen. Ein Grund für kleine, handliche Portionen anstelle von riesigen Broten. Handgerechte Häppchen lassen sich nebenbei verspeisen und, sofern das Gruppengefüge passt, auch mit anderen teilen.

Insgesamt sollte die Lunchbox freundlich gestaltet sein, denn das Auge isst bekanntlich mit. In einer Box mit Fächern können Obst, Gemüse und Brot getrennt werden. Unabhängig davon, in welcher Reihenfolge letztendlich gegessen wird, verschafft das einen Überblick und sieht schön aus.

Eventuell bieten sich auch mehrere kleine Dosen an, um weiche und harte Lebensmittel voneinander zu trennen. So lässt sich vermeiden, dass in der Dose nach einem Stoß ein großer Mischmasch aus Obst, Gemüse und Brot entsteht.

Ausgefallene Formen und Muster finden mehr Aufmerksamkeit. Brote müssen nicht immer quadratisch sein, sondern lassen sich auch in Dreiecke oder andere Formen schneiden. Ein Sparschäler macht aus hartem Gemüse oder Käse nudelartige Spiralen, die für Belustigung sorgen und sich leicht essen lassen. Gemüse wie Karotte und Gurke lässt sich sehr schön durch kunstvolle Schnitzereien aufwerten oder mit unterschiedlichen Ausstechformen bearbeiten. Feste Früchte bieten sich an, um Formen oder Gesichter darin einzuritzen. Auch Kombinationen sind erlaubt. Eine eingeschnittene Karotte z. B. lässt sich mit »Mausohren« in Form von Radieschen- oder Gurkenscheiben verzieren. Hier gilt der Grundsatz: Erlaubt ist, was gefällt. Seien Sie kreativ und erfreuen Sie Ihre Kinder mit Ideen, die zum Kind passen und ihm gefallen.

Aufgestecktes Gemüse auf bunten Spießen ist nicht nur ein optisches Highlight, sondern auch praktisch und schnell verzehrt. Sehr viele Lebensmittel lassen sich aufspießen und damit für die kurze Pause servieren. Käsestücke, Radieschen, Cocktailtomaten und Mini-Brote haben genau die richtige Größe, um mit einem Mal im Mund zu verschwinden. Mit fortschreitendem Alter des Kindes sind mit längeren Spießen auch Kombinationen wie Tomate-Mozzarella oder Feta-Melone möglich. Die Vielfalt ist durch unterschiedliche Kombinationsmöglichkeiten nahezu endlos.

Zusammenstellung der Lunchbox – so geht's

Die beste Grundlage bildet das klassische Pausenbrot. Idealerweise kommt hier ein Vollkornbrot zum Einsatz, da es viel Energie liefert und lange satt macht. Weißbrot und Toast sind weniger geeignet, da sie deutlich schneller verdaut werden und schon nach kurzer Zeit wieder der Hunger eintritt. Das liegt an den Kohlenhydraten weißer Mehlsorten, die sehr schnell aufgenommen werden und eine ähnliche Wirkung wie Zucker haben. Soll es doch einmal Toast oder Weißbrot sein, lässt sich dieses gut mit einem proteinhaltigen Lebensmittel und Gemüse zu einer ausgewogenen Mahlzeit ergänzen. Generell ist aber Vollkornbrot vorzuziehen.

Das Pausenbrot braucht natürlich auch noch einen Belag. Hier bieten sich die tierischen Proteinlieferanten wie Käse, Wurst oder Frischkäse an. Wurst von Huhn oder Pute beispielsweise wird von Kindern gern gegessen und enthält weniger Fett als Salami. Ein Aufstrich wie Frischkäse liefert Proteine und hat einen zusätzlichen Vorteil: Darauf lassen sich kleine Gemüsestücke oder Salatblätter befestigen. Das sieht nicht nur schön aus, sondern schmeckt auch sehr gut in Kombination.

Neben Brot und Belag bietet sich auch eine Mischung aus Naturjoghurt, Quark oder Skyr und Früchten an. Der säuerliche Naturjoghurt wird durch die Früchte versüßt und schmeckt hervorragend, ganz ohne Zucker. Falls nötig, kann man z. B. mit etwas Honig, Dattelsüße oder Reissirup noch etwas nachsüßen. Auch eine Kombination des Joghurts mit Müsli ist möglich. All diese Dinge lassen sich problemlos in verschließbaren Boxen transportieren, damit nichts ausläuft. Eventuell sind auch mehrere kleinere Dosen besser geeignet, je nachdem, um welche Lebensmittel es sich genau handelt.

Große Beliebtheit finden handliche Stücke, Spiralen oder Sticks aus Obst und Gemüse. Das Vorschneiden und hübsche Anrichten der gesunden Lebensmittel hilft dabei, dass die Kinder diese auch essen. Kleine, vorgeschnittene Stücke lassen sich nebenbei gut knabbern oder hervorragend in Kräuterquark oder einen anderen Dip eintauchen. Das macht Spaß, schmeckt super und ist sogar gesund. Haben mehrere Kinder derartige Kleinigkeiten dabei, können sie auch untereinander tauschen und beim jeweils anderen probieren.

Milch und Milchprodukte sind gut für den Knochenaufbau. Viele Kinder mögen die Milch am Morgen und trinken diese freiwillig, andere hingegen nicht. Um Milchverweigerern die Milchprodukte schmackhaft zu machen, kann der Geschmack mit Zugaben verändert werden. Obst z. B. dient als natürliches Süßungsmittel, wenn Quark oder Naturjoghurt nicht schmecken.

Tipps zur Organisation

Gesundes Essen erfordert ein wenig mehr Aufwand als Fertiggerichte. Ist der Zeitaufwand für die Vorbereitung zu hoch, werden Eltern immer wieder in einfachere Muster verfallen, um Zeit zu sparen. Wie immer stellt sich natürlich auch hier die Frage: Was gibt es an welchem Tag zu essen? Damit das Vorbereiten und Packen der Lunchbox für die Kinder nicht in einer täglichen Stressfalle endet, sollten die Eltern schon beim Einkaufen sinnvoll planen. Viele Dinge wie Gemüse lassen sich direkt nach dem Einkaufen in separate Dosen vorpacken, damit das tägliche Anrichten schneller geht. Teile der Lunchbox lassen sich auch am Abend vor der Kita oder Schule komplett vorbereiten. Damit sinkt der Aufwand am Morgen und auch die Gefahr, etwas zu vergessen. Unter **happyfitfood.de/kinder-lunchbox** finden Sie eine Lunchbox-Wochenplan-Vorlage und Tipps zur Umsetzung im Alltag.

Kinder, die Interesse an der Arbeit in der Küche haben, dürfen natürlich mithelfen. Schälen, schneiden und packen können alle Kinder spätestens ab der Schule, viele auch schon deutlich vorher. Das reduziert den Arbeitsaufwand für die Erwachsenen, beschäftigt die Kinder sinnvoll und trainiert die Motorik. Die Erwachsenen können diese Aktivität nutzen, um gezielt nach aktuellen Vorlieben zu fragen. Diese können sich im Wachstum schließlich schnell ändern, und die Kinder mögen nächste Woche nicht mehr, was sie letzte Woche geliebt haben. Wenn das Kind Wünsche hat, weil es z. B. etwas bei einem Mitschüler probiert hat, wird es das bei dieser Gelegenheit anbringen. Das Einbeziehen der Kinder hat außerdem noch einen großen, angenehmen Nebeneffekt: Selbst zubereitetes Essen wird in der Regel ohne Protest und mit Stolz gegessen.

Es gibt noch viele weitere Möglichkeiten, um gesunde und kindgerechte Ernährung unter einen Hut zu bringen. Dieses Buch zeigt mit vielen bebilderten Beispielen, wie man als Eltern die Lunchbox abwechslungsreich, kreativ und lecker gestalten kann.

Lunchbox-Produkte und Zubehör

Eine ausgewogene Lunchbox sollte verschiedene Bestandteile enthalten. Wichtig ist eine gute Verpackung. Wenn sich Obst, Gemüse und Brot während des Transports vermischen, vergeht die Lust auf den Genuss beim Kind schnell.

Deswegen sollte eine Lunchbox gewählt werden, die es ermöglicht, eine abwechslungsreiche Mahlzeit zusammenzustellen und diese optimal zu verpacken.

Hier ein paar Tipps:

- Die Lunchbox sollte Fächer enthalten und gut abdichten, damit nichts in die Schultasche ausläuft.
- Kleinere Behälter können z. B. in der Lunchbox nebeneinander angeordnet werden und erleichtern das Portionieren (Mini-Container, Silikon-Muffinförmchen etc.).
- Für warme Getränke kann man eine Thermoskanne verwenden.
- Eis-Packs oder Iso-Taschen halten den Inhalt an heißen Tagen frisch.
- Altersgerechtes Besteck für den Verzehr von Quark, Joghurt oder frisch geschnittenem Obst nicht vergessen.
- Altersgerechte Spieße für Obst, Gemüse und Co. Als eine Alternative ohne Spitze eignen sich Cake-Pop-Stiele sehr gut. Das Obst und Gemüse kann vorher z. B. mit einem Schaschlikspieß durchgestochen und dann auf den stumpfen Cake-Pop-Stiel aufgesteckt werden. Sie kennen Ihr Kind am besten. Achten Sie auf Spieße oder Stiele, mit denen Ihr Kind verantwortungsvoll umgehen kann, oder verzichten Sie bei kleineren Kindern ganz darauf.

Meine persönlichen Empfehlungen zu Lunchboxen und Zubehör finden Sie auf **happyfitfood.de/kinder-lunchbox**.

Lunchbox packen – Praxistipps

Das Auge isst bekanntlich mit, und so sollten die Inhalte der Lunchbox beim Öffnen ansprechend aussehen und Appetit machen. Es ist zu berücksichtigen, dass die Lunchbox oftmals mehrere Stunden in einer Tasche transportiert wird, bevor die Inhalte verzehrt werden können. Somit ist es sehr wichtig, die Lunchbox gut zu packen. So gelingt es:

- Die Auswahl an Inhalten nach der Anzahl der Fächer oder integrierten Boxen zusammenstellen.
- Jedes Lebensmittel kommt in ein eigenes Fach oder in einen eigenen Behälter (z. B. eine kleine Extradose für den Dip). Die Lebensmittel nicht in die Lunchbox quetschen! Dies beugt hässlichen Druckstellen vor. Damit die schönen Figuren an ihrem Platz bleiben, kann es aber nötig sein, die Brotdose z. B. noch mit anderen Komponenten wie Snacktomaten oder festem Gemüse wie Karotten aufzufüllen, so bleiben die Ohren des Bärenbrotes auch da, wo sie sein sollen.
- Die Lunchbox nach dem Einordnen der Inhalte sicher verschließen.

Lunchbox sinnvoll ergänzen

Sinnvolle Ergänzungen für eine Lunchbox sind kleine Dip-Portionen, die zum Gemüse passen. Wenn ein kleiner, selbst zubereiteter Salat Bestandteil der Lunchbox sein soll, ist es empfehlenswert, das Dressing extra in einem fest verschließbaren Behälter mitzugeben. Ansonsten kann der Salat zusammenfallen. Auch Mini-Würstchen oder eine fettarme Mini-Salami werden gerne genascht. Würstchen enthalten viele Proteine. Meine Empfehlung sind fettarme Varianten wie Hähnchen oder Schinken.

Essen frisch halten

Wird die Lunchbox erst am späten Vormittag oder gegen Mittag geöffnet, sollte das Essen dennoch frisch sein und ansprechend wirken. Dies kann durch eine gute Verpackung erreicht werden. Ein häufiges Problem ist, dass Obst und auch einige Gemüsesorten schnell braun werden. Dagegen helfen ein paar Spritzer Zitronensaft oder wenn man Vitamin-C-haltiges Obst mit in ein Fach gibt: z. B. Orangenstücke mit Apfelschnitzen kombiniert. Wichtig ist auch, dass das Obst und Gemüse nicht zu sehr in die Lunchbox gequetscht wird. Druckstellen führen ebenfalls dazu, dass sich Obst und Gemüse schnell braun verfärben.

Essen warmhalten

Warmes Essen kann für den Verzehr zur Mittagszeit in die Lunchbox integriert werden. Dies ist empfehlenswert, wenn es in der Schule oder im Kindergarten kein Mittagessen gibt. Im Handel gibt es Thermobehälter, in denen man vor allem Suppen, Eintöpfe usw. auch für mehrere Stunden warmhalten kann.

Essen kalt halten

Vor allem an heißen Tagen ist es wichtig, dass das Essen in der Lunchbox kühl gehalten wird. Dies kann durch die Verwendung einer Thermotasche z. B. in Kombination mit kleinen Kühlakkus erreicht werden.

Richtiges Waschen von Obst und Gemüse

Obst und Gemüse sollte vor dem Verzehr gewaschen werden. Da es in der Lunchbox mundgerecht geschnitten transportiert wird, ist das richtige Waschen vor dem Aufschneiden sehr wichtig. Die äußere Haut der Obstsorte oder des Gemüses sollte vor dem Aufschneiden gründlich unter kaltem Wasser abgespült werden. Die Oberfläche darf nicht zu stark gerieben werden, denn dadurch könnten Druckstellen entstehen, die sich schnell bräunlich verfärben und schon nach einigen Stunden nicht mehr allzu appetitlich wirken. Beim Einlegen in die Box ist darauf zu achten, dass Obst und Gemüse gut abgetrocknet wurden. Andernfalls können sie nach kurzer Zeit matschig werden.

Vorbereitungszeit richtig einplanen

Eine Lunchbox sollte möglichst unmittelbar vor dem Aufbrechen zusammengestellt werden. Dies verkürzt die Zeit, die das Essen in der Box aufbewahrt wird. Oftmals ist am Morgen die Zeit knapp. Die Kinder müssen in die Schule oder in den Kindergarten, die Eltern zur Arbeit. Eine gute Vorbereitung ist somit wichtig, deshalb:

- ... sollte man bereits am Vorabend überlegen, welche Lebensmittel in die Lunchbox gegeben werden sollen bzw. generell einen Wochenplan zusammenstellen. Unter **happyfitfood.de/kinder-lunchbox** finden Sie eine Lunchbox-Wochenplan-Vorlage und Tipps zur Umsetzung im Alltag.
- ... kann man gut haltbare Lebensmittel am Abend zuvor schneiden, portionieren und im Kühlschrank aufbewahren. Schnell verderbliche Lebensmittel sollten jedoch frisch geschnitten oder zubereitet werden.

Familienrezepte und Resteverwertung

Da die Zubereitung von warmen Mahlzeiten Zeit erfordert, eignen sie sich meist nicht, wenn am Morgen die Zeit knapp ist. Viele unserer Rezepte sind aber familiengeeignet und können am Vortag für alle zusammengestellt werden. Der Rest wandert einfach am nächsten Tag für die Pause in die Lunchbox. Ebenso kann man am Vortag einfach eine kleine Menge Nudeln mehr mitkochen und mit ein paar einfachen Zutaten zu einem leckeren Nudelsalat für die Lunchbox zusammenstellen.

Strategien für wählerische Esser

In vielen Familien gibt es Kinder, die mit ihrem Essen sehr wählerisch sind. Oftmals gestaltet sich die Zusammenstellung einer gesunden Mahlzeit in einer Lunchbox schwierig. Es gibt dennoch einige Strategien, die helfen können, einen wählerischen Esser gesund zu ernähren:

- Gesundes Essen mit einer kleinen Süßigkeit kombinieren (Karottensticks mit einem leckeren Dip, schokolierte Früchte).
- Ungewöhnliche Zusammenstellungen zulassen, wenn man weiß, dass sie dem Kind schmecken.
- Kleine Portionen, die kindgerecht und liebevoll angerichtet werden, erhöhen den Spaß beim Essen und machen Appetit.
- Das Kind in die Zusammenstellung der Lunchbox einbeziehen.
- Obst oder Gemüse durch Pürieren in Suppen, Eintöpfen, Muffins etc. »verstecken«.

Die nachfolgenden Lunchbox-Ideen können je nach Geschmack des Kindes und der zur Verfügung stehenden Zeit für die Vorbereitung angepasst werden.

Manchmal muss es schnell gehen, manchmal darf es schon etwas mehr »Bastelarbeit« sein. Größere Kinder möchten vielleicht auch gar keine lustigen Figuren mehr in ihrer Brotdose. Aus diesem Grund habe ich Ihnen auch noch Tipps hinzugefügt, wie Sie die ausgewogene Zusammenstellung beibehalten können, ohne die Bestandteile in der Box zu dekorieren. Manche Zutaten können weggelassen oder durch andere Lebensmittel ersetzt werden, das gilt vor allem bei Allergien. So lässt sich die Lunchbox individuell auf den Bedarf des Kindes bzw. der ganzen Familie anpassen.

Ich wünsche Ihnen und Ihrem Kind nun ganz viel Spaß beim Lunchbox aussuchen und gemeinsam packen!

IDEEN FÜR DIE KINDER-LUNCHBOX

LUNCHBOX 1:
Mini-Sandwich, Snacktomaten, Karottensticks, Gurkenscheiben, Ei und Regenbogen-Obst

DAS IST DRIN:

- 1 Mini-Sandwich (s. u.)
- 1 Ei
- 1 Stück Salatgurke
- ein paar Dattel- oder Kirschtomaten
- 1 Stück Karotte
- ein paar Brombeeren
- ein paar Heidelbeeren
- ein paar Himbeeren
- ein paar helle Weintrauben

SO WIRD'S GEMACHT:

1. Mini-Sandwich zubereiten.
2. Ei in einem Topf mit Wasser ca. 8 Minuten hart kochen, mit kaltem Wasser abschrecken und pellen. Nach Belieben in einem Eierformer in Herzform bringen, dann halbieren.
3. Gemüse und Obst waschen und abtrocknen.
4. Gurke in Scheiben schneiden, Karotte evtl. schälen und dann stifteln.
5. Alle Zutaten schön bunt in der Lunchbox einordnen.

MINI-SANDWICH

Zutaten für 1 Sandwich:

- 1 Sandwich-Vollkornbrötchen (S. 24)
- 1 Stück Salatblatt (z. B. Kopf- oder Eisbergsalat)
- Aufstrich nach Wahl (z. B. Frischkäse oder Salatcreme, optional)
- 1 Scheibe gekochter Schinken

1. Sandwich-Vollkornbrötchen zubereiten und auskühlen lassen.
2. Salat waschen und trocken tupfen.
3. Sandwich-Vollkornbrötchen aufschneiden, mit Frischkäse bestreichen und Salatblatt und Kochschinken belegen. Dann mit Deckel wieder verschließen.

TIPP: Brötchen nach Belieben mit Käse, Putenwurst, Salami etc. belegen.

VOLLKORNBRÖTCHEN UND -GEBÄCK

Zutaten für ca. 20 Stück:

- 500 g Weizenvollkornmehl oder 250 g Roggen- und 250 g Weizenvollkornmehl gemischt
- 1 TL Salz
- 7 g Trockenhefe oder 21 g frische Hefe
- 3 EL Öl (z. B. Olivenöl)

Zum Bestreuen:

- Saaten nach Belieben: Leinsamen, Kürbiskerne, Sonnenblumenkerne ...

1. Alle Zutaten mit 250 ml lauwarmem Wasser zu einem geschmeidigen Hefeteig vermengen. (Falls frische Hefe verwendet wird, diese erst im lauwarmen Wasser auflösen.) Evtl. noch etwas Wasser hinzufügen, falls der Teig noch zu trocken ist.
2. In eine Schüssel geben und zugedeckt an einem warmen Ort mind. 1 Stunde gehen lassen. Das Volumen sollte sich deutlich vergrößert haben.
3. Hefeteig nun in diverse Gebäckformen kneten z. B. Mini-Baguettes, Mini-Brötchen, Brotkugeln oder Fladenbrot. Die gewünschten Saaten jeweils einkneten bzw. andrücken. Dann auf ein mit Backpapier ausgelegtes Blech legen, mit Wasser bestreichen und nochmals so lange gehen lassen, bis der Backofen auf 180 °C Umluft aufgeheizt ist.
4. Für ca. 20 Minuten im Backofen backen. Evtl. kleinere Semmeln vom Blech nehmen, weil sie schneller fertig sind und die größeren Brötchen noch etwas länger backen lassen.

Dieses Rezept wird für die Lunchbox-Ideen auf S. 23 und S. 29 verwendet.

LUNCHBOX 2:
Zucchini-Burger, Käsebrot-Turm, Snacktomaten und bunte Apfelstücke

DAS IST DRIN:

- 2 Mini-Frikadellen (S. 26)
- 1 Scheibe Brot (z. B. Vollkornbrot, S. 36)
- 1 Stück Zucchini
- ein paar Kirsch- oder Datteltomaten
- ½ rot-gelber bzw. rot-grüner Apfel (z. B. Braeburn oder Elstar)
- 1 TL Zitronensaft
- Aufstrich nach Wahl (z. B. Butter oder Frischkäse)
- 1 Scheibe Käse (z. B. Emmentaler)
- Holzspieße, bunte Spieße o. Ä.

SO WIRD'S GEMACHT:

1. Mini-Frikadellen und ggf. Vollkornbrot zubereiten und auskühlen lassen.
2. Gemüse und Apfel waschen und abtrocknen.
3. Von der Zucchini 4 dicke Scheiben abschneiden. Aus 2 Zucchinischeiben und 1 Frikadelle jeweils einen Burger zusammenstellen und auf einen Spieß aufspießen.
4. Kerngehäuse des Apfels z. B. mit einem Apfelentkerner entfernen. Apfel so halbieren, dass man eine rötliche und eine gelbe oder grünliche Seite zu Verfügung hat. Apfelhälften jeweils in Scheiben schneiden und diese mit Zitronensaft beträufeln. In ein Fach der Lunchbox bunt einschichten (rot-gelb bzw. rot-grün).
5. Brotscheibe mit Butter bestreichen, mit Käse belegen und in möglichst gleich große Viertel schneiden. Die entstanden Käsebrot-Rechtecke aufeinander stapeln.
6. Alle Zutaten in der Lunchbox einordnen.

TIPPS: Die Zucchinischeiben kann man durch Gurkenscheiben ersetzen. Die Brotscheibe kann nach Belieben belegt und bestrichen werden: z. B. mit Kräuterquark, Schinken, Putenbrust in Scheiben uvm.

Ohne Dekorieren/wenn's schneller gehen muss: Frikadellen und Zucchinischeiben ohne Spieße in die Lunchbox geben. Apfel z. B. in grobe Schnitze schneiden. Belegtes Brot ohne Zuschneiden in die Pausendose geben.

MINI-FRIKADELLEN (HACKBÄLLCHEN)

Zutaten für ca. 10–15 Stück:

½ kleine Zwiebel
250 g Hackfleisch
1 Ei
Salz
Pfeffer
½ TL mittelscharfer Senf
1 TL Tomatenmark
1 EL Paniermehl oder geriebenen Parmesan (optional)
Öl zum Braten

1. Zwiebel schälen und fein hacken.
2. Zusammen mit den anderen Zutaten in einer Schüssel gut verkneten und nach Belieben zu Mini-Frikadellen formen.
3. Mit etwas Öl in einer Pfanne herausbraten. Alternativ gelingt auch die Zubereitung im Backofen: Bei 180 °C Umluft auf einem mit Backpapier ausgelegtem Blech 12–17 Minuten (je nach Größe der Frikadellen oder Bällchen) backen.

Dieses Rezept wird für die Lunchbox-Ideen auf S. 25, 29 und S.152 verwendet.

TIPPS: Die Frikadellen kann man als Mittag- oder Abendessen am Vortag zubereiten und am nächsten Tag in die Lunchbox packen. Sie sind auch ideal zum Einfrieren für eine schnelle Mahlzeit, z. B. mit Tomatensoße oder Salat oder in einem Brötchen als Burger etc. Anstatt des Paniermehls kann man auch 1 Stück altes Brot fein hacken und untermischen.

der Elefant

HANDMADE WITH

LUNCHBOX 3:
Mini-Burger, Mini-Käse mit Stern, Snacktomaten, Ei, Erdbeer-Joghurt und gemischte Beeren

DAS IST DRIN:

Mini-Burger (S. 30)
Erdbeer-Joghurt (s. u.)
1 Ei
ein paar Himbeeren
ein paar Brombeeren
ein paar bunte Kirschtomaten
1 Minikäse
1 Plätzchenausstecher (z. B. kleiner Stern)

SO WIRD'S GEMACHT:

1. Mini-Burger und Erdbeer-Joghurt zubereiten.
2. Ei in einem Topf mit Wasser ca. 8 Minuten hart kochen, mit kaltem Wasser abschrecken und pellen. Nach Belieben in einem Eierformer in Sternform bringen, dann halbieren.
3. Beeren und Tomaten waschen und abtrocknen.
4. Aus der Wachsschale vom Minikäse mit einem Plätzchenausstecher einen Stern ausstechen.
5. Alle Zutaten in der Lunchbox anordnen.

ERDBEER-JOGHURT

Zutaten für 1–2 Portionen:

80 g Erdbeeren
¼ TL Honig oder Süße nach Belieben (z. B. Dattelsüße, S. 156, oder Reissirup)
150 g Naturjoghurt

1. Erdbeeren waschen, Strunk entfernen und nach Belieben mit etwas Süße nach Wahl pürieren. Bei süßen Früchten reicht die Süße der Erdbeeren.
2. Dann den Joghurt hinzugeben und gut verrühren bzw. nochmal pürieren.

MINI-BURGER

Zutaten für 1 Burger:

- 1 Mini-Vollkornbrötchen (S. 24)
- 1 Mini-Frikadelle (S. 26)
- 1 Salatblatt (z. B. Kopf- oder Eisbergsalat)
- 1 Stück rote Paprikaschote
- 1 Stück Käsescheibe (z. B. Emmentaler)

1. Mini-Vollkornbrötchen und Mini-Frikadelle zubereiten und auskühlen lassen.
2. Salat und Paprikaschote waschen und abtrocknen. Paprikaschote entkernen.
3. Brötchen aufschneiden, mit Salatblatt, Frikadelle, Paprikaschote und Käse belegen und mit dem Deckel wieder verschließen.

TIPP: Die Vollkornbrötchen-Hälften mit etwas Frischkäse bestreichen. Zum besseren Fixieren kann man auch einen Spieß oder Zahnstocher durch den Burger stecken. Restliche Paprikaschote klein schneiden und zusätzlich mit in die Lunchbox geben.

LUNCHBOX 4:
Quinoa-Kekse mit Avocadosalat und Trauben

DAS IST DRIN:

4 Quinoa-Kekse (S. 32)
Avocado-Salat (s. u.)
ein paar helle Weintrauben

SO WIRD'S GEMACHT:

1. Quinoa-Kekse und Avocado-Salat zubereiten. Die Kekse auskühlen lassen.
2. Weintrauben waschen und abtrocknen.
3. Alle Zutaten in die Fächer der Lunchbox verteilen.

TIPP: Weintrauben kann man durch Obst nach Belieben ersetzen, z. B. frische Beeren wie Erd- oder Himbeeren oder auch Mangostücke etc.

AVOCADO-SALAT

Zutaten für 1–2 Portionen:

125 g bunte Tomaten (rot und gelb)
60 g Mini-Mozzarella
½ Avocado
1 Stängel Basilikum
1 TL Zitronensaft
1 EL Öl (z. B. Olivenöl)
Salz
Pfeffer

1. Tomaten waschen, abtrocknen, ggf. Stielansatz entfernen und in kleine Stücke schneiden. Zusammen mit den Mozzarella-Kugeln in eine Schüssel geben.
2. Avocado halbieren und entkernen. Das Fruchtfleisch mit einem Löffel herausnehmen und in Würfel schneiden.
3. Basilikum waschen, trocken schütteln, Blätter abzupfen und grob hacken. Mit der Avocado in die Schüssel geben. Mit Zitronensaft und Öl vermengen und mit Salz und Pfeffer abschmecken.

QUINOA-KEKSE

Zutaten für 8 Kekse:

30 g Rosinen
2 Eier
2 TL Kakaopulver
1 TL Kokosöl (alternativ Mandelmus)
2 EL Kokosraspel
40 g gepuffter Quinoa

1. Backofen auf 180 °C Ober-/Unterhitze vorheizen. Ein Backblech mit Backpapier belegen.
2. Rosinen in einer Schale mit heißem Wasser übergießen und 10 Minuten ziehen lassen. Wasser abgießen, Rosinen ausdrücken und mit den Eiern in eine Schüssel geben.
3. Kakaopulver und Kokosöl hinzufügen und alles pürieren. Anschließend Kokosraspel und gepuffte Quinoa unterheben.
4. Pro Keks jeweils einen Esslöffel der Masse auf das Blech geben und zu einem flachen, runden Keks formen. Mit der restlichen Masse genauso verfahren.
5. Die Kekse etwa 15–20 Minuten backen.

TIPP: Die Rosinen kann man durch die gleiche Menge anderer Trockenfrüchte ersetzen, z. B. Datteln oder Aprikosen.

LUNCHBOX 5:

Puzzle-Brot am Spieß, Schoko-Muffin und Erdbeer-Kiwi-Mix

DAS IST DRIN:

1 Schoko-Muffin (S. 37)
1–2 Scheibe(n) Brot (z. B. Vollkornbrot, S. 36, oder Vollkorntoast, S. 72)
1 dickes Stück Käse (ca. 20–30 g, z. B. Gouda)
4 Scheiben Hähnchenbrust
1 Kiwi
6–10 Erdbeeren
Plätzchenausstecher: Puzzle und kleiner Stern
Holzspieße, bunte Spieße o. Ä.

SO WIRD'S GEMACHT:

1. Schoko-Muffin und ggf. Vollkornbrot/-toast zubereiten und auskühlen lassen.
2. Brot mittels Ausstecher in 4 Puzzlestücke teilen. Mit Stern-Ausstechform 2 Sterne aus Gouda ausstechen, nochmals halbieren, sodass man 4 Sterne hat.
3. Abwechselnd Gouda, Brotstücke und Hähnchenbrustscheiben auf 2 Spieße stecken.
4. Kiwi schälen, in Scheiben schneiden, halbieren. Erdbeeren waschen, abtrocknen, Grün entfernen, dann klein schneiden. Mit Kiwistücken mischen und mit den restlichen Zutaten in die Brotdose geben.

TIPPS: Anstatt der Hähnchenbrust kann man auch Salami- oder Schinkenscheiben verwenden. Obst nach Belieben variieren: z. B. Himbeeren, Bananenscheiben usw.

Ohne Dekorieren/wenn's schneller gehen muss: Brot vierteln und auf die Spieße stecken. Für eine Variante ganz ohne Spieße macht man ein Sandwich aus Brot, Hähnchenbrust und Käse. Die Kiwi kann man ungeschält in Hälften schneiden und einen Löffel zum Auslöffeln hinzufügen. Erdbeeren am Stück belassen und nicht zuschneiden.

VOLLKORNBROT

Zutaten für 1 Brot:

- 42 g Frischhefe oder 14 g Trockenhefe
- 400 g Vollkornmehl (z. B. Dinkel- oder Weizenmehl)
- 100 g Roggenvollkornmehl
- 50 g Haferflocken
- 40 g geschrotete Leinsamen
- 30 g Sonnenblumenkerne (nach Belieben kleiner hacken)
- 30 g Sesam
- 1 ½ TL Salz
- 2 EL Apfelessig oder heller Balsamicoessig
- Öl zum Fetten der Form
- Kastenform 30 cm Länge

1. Die Hefe in 150 ml lauwarmes Wassers bröseln und gut verrühren.
2. Die beiden Mehlsorten in einer Rührschüssel vermischen.
3. Hefe-Wasser und 300 ml lauwarmes Wasser hinzufügen und alles gut durchkneten.
4. Die restlichen Zutaten hinzufügen und zu einem glatten Teig verkneten. Evtl. noch etwas Wasser hinzufügen, falls der Teig noch zu trocken ist. Er sollte ruhig etwas feuchter sein, dann wird das Brot schön saftig.
5. Kastenform fetten oder mit Backpapier auskleiden. Teig passend für die Form zurechtkneten und in die Form legen.
6. Mit Wasser bestreichen, nach Belieben z. B. mit Haferflocken bestreuen und diese etwas andrücken.
7. Die Form in den kalten Backofen stellen, auf 200 °C Ober-/Unterhitze aufheizen lassen und 55–60 Minuten backen.

TIPPS: Man kann dem Brotteig auch noch 100 g geriebene Karotte und 2 EL Weizenkleie hinzufügen. So wird das Brot extra saftig. Bei Bedarf die Wassermenge dann etwas erhöhen. Anstelle der Haferflocken, Leinsamen, Sonnenblumenkerne und des Sesams kann man auch ca. 150 g andere Nüsse, Kerne und Saaten (am besten gehackt oder gemahlen) verwenden: z. B. Hasel- und Walnüsse, Mandeln, Chiasamen, Kürbiskerne usw.

SCHOKO-MUFFINS

Zutaten für 12 Stück:

- 200 g getrocknete, entsteinte Softdatteln
- 60 ml warme Milch
- 2 reife Bananen (ca. 160 g)
- 3 Eier
- 40 g Kakaopulver, ungesüßt
- 100 g gemahlene Mandeln
- 100 g zarte Haferflocken
- 2 TL Backpulver
- 1 Msp. Vanillepulver
- Muffinblech mit 12 Mulden und Papier-Muffinförmchen oder 12 Silikon-Muffinförmchen

1. Backofen auf 170 °C Ober-/Unterhitze vorheizen.
2. Datteln und Milch in ein hohes Gefäß geben.
3. Bananen schälen, in Stücke brechen und hinzufügen. Dann alles fein pürieren.
4. Eier und Kakao hinzufügen und verquirlen.
5. Restliche Zutaten hinzufügen und zu einem glatten Teig verrühren, auf 12 Muffinförmchen verteilen.
6. In den Ofen geben und 12–17 Minuten backen.

TIPPS: Anstatt der gemahlenen Mandeln schmecken auch gemahlene Haselnüsse. Falls man die Bananen ersetzen möchte, kann man griechischen Joghurt oder Skyr verwenden. Je nach Bedarf die Süße dann anpassen.

LUNCHBOX 6:

Sandwich mit rotem Hummus aus weißen Bohnen, bunte Gemüsesticks und Banane

DAS IST DRIN:

- Rotes Hummus aus weißen Bohnen (s. u.)
- 1 Stück rote Paprikaschote
- 1 kleine Karotte
- 1 Stück Salatgurke
- 2 Scheiben Brot (z. B. Vollkornbrot, S. 36)
- 1 Scheibe Käse (z. B. Emmentaler)
- 1 Stück Banane

SO WIRD'S GEMACHT:

1. Rotes Hummus zubereiten. Einen Teil in einen kleinen Behälter für die Lunchbox füllen.
2. Gemüse waschen und abtrocknen. Paprikaschote entkernen, Karotte nach Belieben schälen. Ein paar Scheiben von der Gurke abschneiden, den Rest zusammen mit Karotte und Paprikaschote in Stifte schneiden. Aus einer Gurkenschale Augen und Mund ausschneiden und so auf dem Hummus als Gesicht dekorieren, dass die Schale nach oben zeigt.
3. Vollkornbrotscheiben mit Hummus bestreichen. Eine Brotscheibe mit Käse und Gurkenscheiben belegen. Die zweite Scheibe als Deckel auflegen und das Brot halbieren oder vierteln.
4. 1 Stück Banane abschneiden, nach Bedarf die Schale der Länge nach einschneiden. So kann die Banane kurz vor dem Verzehr besser geschält werden.
5. Alles schön bunt in der Brotdose anrichten.

ROTES HUMMUS AUS WEISSEN BOHNEN

Zutaten für 2–3 Portionen:

- 240 g gekochte weiße Bohnen (aus der Dose)
- 1 Zitrone
- 8 in Öl eingelegte, getrocknete Tomaten
- 1 EL Tahini (Sesampaste)
- ½ TL Paprikapulver
- 1 Prise Salz

1. Die Bohnen abgießen und abtropfen lassen. Die Zitrone auspressen. Alle Zutaten (bis auf das Salz) mit einem Pürierstab zu einer Creme pürieren. Wenn die Konsistenz zu fest ist, 1–2 TL Wasser hinzufügen.
2. Zum Schluss mit Salz abschmecken.

Dieses Rezept wird für die Lunchbox-Ideen auf S. 38 und S. 53 verwendet.

TIPPS: Um Verfärbungen der Banane zu vermeiden, kann man auf die Schnittseite etwas Zitronensaft träufeln.

Ohne Dekorieren/wenn's schneller gehen muss: Das Gurkengesicht auf dem Hummus weglassen. Belegtes Brot am Stück belassen und Gemüse nur in grobe Stücke schneiden.

NICE
Du bist so nice!

LUNCHBOX 7:

Falafeln mit Minz-Dip, Himbeeren und bunte Spieße mit Paprika, Gurke und Apfel

DAS IST DRIN:

Falafeln (S. 42)
Minz-Dip (S. 42)
ein paar Himbeeren
½ Apfel (z. B. Royal Gala)
1 Stück rote Paprikaschote
1 Stück Salatgurke
1 Spritzer Zitronensaft
Holzspieße, bunte Spieße o. Ä.

SO WIRD'S GEMACHT:

1. Falafeln und Minz-Dip zubereiten. Die Falafeln abkühlen lassen.
2. Obst und Gemüse waschen und abtrocknen. Kerngehäuse des Apfels entfernen und Paprikaschote entkernen.
3. Apfel in Stücke schneiden und mit etwas Zitronensaft beträufeln, um Verfärbungen zu vermeiden. Aus der Paprikaschote mit einem Plätzchenausstecher Sterne ausstechen. Gurke in Scheiben schneiden. Dann alles auf Spieße stecken.
4. Alle Zutaten in die Fächer der Lunchbox verteilen.

Ohne Dekorieren/wenn's schneller gehen muss: Apfel, Gurke und Paprika in grobe Stücke schneiden und bunt gemischt in ein Fach der Brotdose einfüllen.

FALAFELN

Zutaten für ca. 20 Stück:

- je ½ Bund Petersilie und Koriander
- 230 g gekochte Kichererbsen
- ½ Zwiebel
- 1 Knoblauchzehe
- ½ TL Backpulver
- ½ TL Kreuzkümmel
- 1 ½ EL Olivenöl
- 1–2 EL Buchweizenmehl oder Semmelbrösel
- ¼ TL Salz

1. Backofen auf 200 °C Ober-/Unterhitze vorheizen.
2. Petersilie und Koriander waschen, trocken schütteln und mitsamt Stängeln in einer Küchenmaschine zerkleinern.
3. Kichererbsen in ein Sieb geben, durchspülen und abseihen. Zwiebel und Knoblauch schälen, fein hacken, mit den Kichererbsen zu den Kräutern geben und alles grobstückig zerkleinern.
4. Die entstandene Masse in eine Schüssel füllen und mit den restlichen Zutaten von Hand vermengen.
5. Ca. 20 kleine Bällchen aus der Masse formen und diese auf ein mit Backpapier ausgelegtes Backblech legen.
6. Im Backofen insgesamt 12–15 Minuten lang backen, dabei alle 5 Minuten die Falafeln wenden, damit sie gleichmäßig bräunen. Alternativ kann man die Bällchen auch in der Pfanne mit Öl herausbraten.

MINZ-DIP

Zutaten für 1–2 Portionen:

- 200 g griechischer Joghurt Natur
- 4 Stängel Minze
- Saft von ½ Zitrone
- Salz

1. Joghurt in eine Schüssel füllen.
2. Minze waschen und trocken schütteln. Die Blätter abzupfen, fein hacken und mit dem Zitronensaft zum Joghurt geben.
3. Alles gut vermischen und mit Salz abschmecken.

LUNCHBOX 8:
Sommerrollen mit Erdnuss-Dip, Apfel-Zucchini-Muffin und Heidelbeeren

DAS IST DRIN:

- Sommerrollen mit Erdnuss-Dip (s. u.)
- Apfel-Zucchini-Muffin (S. 44)
- ein paar Heidelbeeren

SO WIRD'S GEMACHT:

1. Sommerrollen mit Erdnuss-Dip und Apfel-Zucchini-Muffin zubereiten. Muffin abkühlen lassen.
2. Heidelbeeren waschen und abtrocknen.
3. Alle Zutaten in die Fächer der Lunchbox verteilen.

SOMMERROLLEN MIT ERDNUSS-DIP

Zutaten für 2 Stück:

- 1 Stück Salatgurke
- 1 kleine Karotte
- 2 Stück Reispapier
- 1 TL Sojasoße
- 1 EL Erdnussmus

1. Gurke und Karotte waschen, Karotte nach Belieben schälen, dann in Stifte schneiden.
2. Reispapier laut Packungsanleitung kurz in Wasser einweichen, abtrocknen und mit dem geschnittenen Gemüse belegen. Von oben und unten einklappen und seitlich aufrollen. Die Enden gut andrücken.
3. Für den Dip Sojasoße mit Erdnussmus und 1 TL Wasser glattrühren.

TIPPS: Die Rollen schmecken auch mit anderem Gemüse wie z. B. Zucchini und Paprika. Anstelle von Erdnussmus kann man auch braunes Mandelmus verwenden.

APFEL-ZUCCHINI-MUFFINS

Zutaten für 6 Stück:

60 g Mandelmehl (alternativ Dinkel- oder Weizenvollkornmehl)
1 Prise Vanillepulver
1 TL Zimt
1 TL Backpulver
1 Prise Salz
1 Ei
50 g Honig oder Süße nach Belieben (Dattelsüße, S. 156, oder Reissirup)
180 g ungesüßtes Apfelmus bzw. Apfelmark
100 g Apfel (z. B. Royal Gala)
150 g Zucchini
6 Silikon-Muffinförmchen

1. Backofen auf 180 °C Ober-/Unterhitze vorheizen.
2. Mehl mit Vanille, Zimt, Backpulver und Salz vermischen.
3. Ei, Süße und Apfelmus unterrühren.
4. Apfel und Zucchini waschen, putzen und abtrocknen. Das Kerngehäuse des Apfels entfernen. Apfel und Zucchini fein raspeln, Flüssigkeit gut ausdrücken und dem Teig beimengen.
5. 6 Silikon-Muffinformen mit kaltem Wasser ausspülen und jeweils mit Teig befüllen. Für ca. 25–30 Minuten goldbraun backen. Stäbchenprobe machen: Bleibt an einem hineingesteckten Holzspieß kein Teig mehr haften, sind die Muffins fertig.

LUNCHBOX 9:

Spinat-Omelett, Gurken- und Karottensticks, Erdbeeren, Heidelbeeren und Mandeln

DAS IST DRIN:

Spinat-Omelett (s. u.)
ein paar Erdbeeren
ein paar Heidelbeeren
1 Stück Karotte
1 Stück Salatgurke
ein paar Mandeln

SO WIRD'S GEMACHT:

1. Spinat-Omelett zubereiten und abkühlen lassen.
2. Beeren und Gemüse waschen und abtrocknen.
3. Karotte und Gurke in Stifte schneiden.
4. Alle Zutaten in die Fächer der Lunchbox verteilen.

SPINAT-OMELETT

Zutaten für 1 Portion:

2 Eier
2 EL Milch (optional)
Salz
Pfeffer
20 g Babyspinat
Öl zum Braten

1. Eier in eine Schüssel aufschlagen und mit Milch und Gewürzen verquirlen.
2. Spinat waschen, trocken tupfen und grob zerkleinern.
3. Spinat zu den Eiern geben und gut verrühren.
4. Öl in einer kleinen Pfanne erhitzen und Eiermasse hineingeben (evtl. in eine Spiegeleierform z. B. in Sternform füllen).
5. Bei mittlerer Hitze komplett durchstocken lassen oder mithilfe eines Pfannenwenders vorsichtig wenden.

TIPP: Anstatt des Babyspinats kann man auch Gemüsewürfel (z. B. Paprikaschote oder Zucchini) oder klein geschnittene Schinkenwürfel zu den Eiern geben.

LUNCHBOX 10:
Quinoa-Taboulé, gefüllte Datteln und Erdbeeren

DAS IST DRIN:

Quinoa-Taboulé (s. u.)
gefüllte Datteln (S. 49)
ein paar Erdbeeren

SO WIRD'S GEMACHT:

1. Quinoa-Taboulé und gefüllte Datteln zubereiten. Das Taboulé auskühlen lassen.
2. Erdbeeren waschen, abtrocknen und das Grün entfernen.
3. Alle Zutaten in die Fächer der Lunchbox verteilen.

QUINOA-TABOULÉ

Zutaten für 2 Portionen:

100 g Quinoa
1 Frühlingszwiebel
1 Bund Petersilie
½ Bund Minze
3 Kirschtomaten
2 EL Zitronensaft
2 EL Olivenöl
Salz
Pfeffer

1. Quinoa mit warmem Wasser durchspülen und abseihen. Danach im Kochtopf mit 250 ml Wasser aufkochen. Hitze reduzieren und etwa 15 Minuten mit geschlossenem Deckel bei niedriger Hitze köcheln lassen, bis die Quinoa gar ist und das Wasser aufgesogen hat. Kochtopf von der Herdplatte nehmen, Deckel abnehmen und Quinoa einige Minuten ausdampfen lassen. Quinoa in eine große Schüssel umfüllen.
2. Frühlingszwiebel, Kräuter und Tomaten waschen und abtrocknen.
3. Frühlingzwiebel putzen und in feine Ringe schneiden.
4. Petersilie und Minze jeweils fein hacken.
5. Tomaten in kleine Stücke schneiden.
6. Sämtliche Zutaten zur Quinoa in die Schüssel geben und alles mit Salz und Pfeffer abschmecken.

GEFÜLLTE DATTELN

Zutaten für 10 Stück:

- 10 Medjoul-Datteln
- 1–2 EL Nussmus (z. B. Mandel- oder Erdnussmus)
- 1–2 TL Kokosraspel

1. Datteln quer aufschneiden und den Kern entfernen.
2. Mithilfe eines Löffels die Datteln mit Nussmus befüllen und mit Kokosraspel bestreuen.

LUNCHBOX 11:

Mini-Pancakes mit Skyr-Creme und Cashenkernen

DAS IST DRIN:

Mini-Pancakes (s. u.)
Skyr-Creme (S. 51)
ein paar Heidelbeeren
ein paar Erdbeeren
1 Stück Banane
ein paar Cashewkerne
Holzspieße, bunte Spieße o. Ä.

SO WIRD'S GEMACHT:

1. Mini-Pancakes und Skyr-Creme zubereiten. Die Pancakes auskühlen lassen.
2. Beeren waschen und abtrocknen, Banane schälen. Erdbeeren und Banane in Scheiben schneiden.
3. Mini-Pancakes im Wechsel mit Heidelbeeren, Erdbeer- und Bananenscheiben auf lange Spieße stecken.
4. Alle Zutaten in die Fächer der Lunchbox verteilen.

TIPPS: Obst nach Belieben austauschen: Auch Himbeeren, Brombeeren, Kiwischeiben etc. passen gut zu den Pancakes.

Ohne Dekorieren/wenn's schneller gehen muss: Mini-Pancakes ohne Spieße in die Lunchbox geben, die Beeren und das Stück Banane im Ganzen hinzufügen.

MINI-PANCAKES

Zutaten für ca. 12 Stück:

30 g Mehl (z. B. Dinkelmehl)
½ TL Backpulver
1 Prise Vanillepulver
1 Prise Salz
1 Ei
70 g Skyr
Öl zum Braten

1. Mehl mit Backpulver, Vanillepulver und Salz mischen.
2. Ei einrühren, Skyr und 10 ml Wasser beimengen und zu einer homogenen Masse verarbeiten.
3. Öl in einer Pfanne erhitzen und kleine Pancakes von beiden Seiten herausbacken. Sobald der Teig Blasen wirft, wenden.

SKYR-CREME

Zutaten für 1 Portion:

- 100 g Skyr
- ½ TL Honig oder Süßungsmittel nach Belieben (Dattelsüße, S. 156, oder Reissirup)

Skyr und Süße verrühren.

TIPP: Skyr nur mit Früchten süßen, z. B. 1 Stück Banane oder 1 süße Erdbeere mit 100 g Skyr pürieren, das ergibt eine leckere Fruchtcreme. Anstelle von Skyr kann man auch Magerquark oder Naturjoghurt verwenden.

R

LUNCHBOX 12:

Wrap-Hummus-Röllchen, Energiebällchen, Gurken und Tomaten

DAS IST DRIN:

Wrap-Hummus-Röllchen (S. 54)

Energiebällchen (S. 54)

1 Stück Salatgurke

2 Dattel- oder Kirschtomaten

Plätzchenausstecher (z. B. in Blumenform)

SO WIRD'S GEMACHT:

1. Wrap-Hummus-Röllchen und Energiebällchen zubereiten.
2. Gemüse waschen und abtrocknen.
3. Gurke in Scheiben schneiden und in Blumenform ausstechen.
4. Alle Zutaten in der Lunchbox anordnen.

Ohne Dekorieren/wenn's schneller gehen muss: Den gefüllten Wrap am Stück belassen und nicht in Röllchen schneiden. Gurken nicht ausstechen.

WRAP-HUMMUS-RÖLLCHEN

Zutaten für 1 Wrap:

1 Wrap (z. B. Vollkorn-Wrap, S. 96)
2 EL rotes Hummus aus weißen Bohnen (S. 38)
½ Kugel Mozzarella, gut abgetropft (ca. 60 g)
1 Handvoll Rucola oder Salat z. B. Lollo bionda
Salz
Pfeffer

1. Vollkorn-Wrap auf einen Teller legen und gleichmäßig mit dem roten Hummus bestreichen.
2. Mozzarella in Scheiben schneiden und auf dem Wrap verteilen, nach Belieben etwas salzen und pfeffern.
3. Rucola waschen, trocken schütteln und mit Küchenpapier gut trocknen, dann auf den Mozzarella geben.
4. Den Wrap von einer Seite aus möglichst eng einrollen. Dann mehrmals durchschneiden, sodass Wrap-Röllchen entstehen und diese eng in ein Fach der Lunchbox einfüllen.

TIPP: Die Wrap-Füllung ist beliebig variierbar z. B. mit Schinken, Salami, Käse, Salat, Hähnchenbrust, gekochten Eierscheiben oder mit Frischkäse und Gemüsewürfel uvm.

ENERGIEBÄLLCHEN

Zutaten für 15 Bällchen:

120 g Cashewkerne
8 getrocknete Datteln (z. B. Medjoul-Datteln)
50 g Kakaopulver, ungesüßt
3 EL Kokosraspel

1. Cashewkerne in einer Küchenmaschine fein mahlen.
2. Datteln, Kakaopulver und 2 EL Wasser hinzufügen und alles pürieren, bis sich eine teigartige Masse bildet.
3. Aus der entstandenen Masse mit befeuchteten Händen ca. 15 kleine Bällchen formen.
4. Kokosraspel in eine kleine Schüssel geben und die Bällchen nacheinander darin wälzen. Die fertigen Bällchen auf einem Teller geben und für mindestens 30 Minuten in den Kühlschrank stellen, damit sie fest werden.

TIPP: In einem luftdichten Behälter im Kühlschrank lagern.

LUNCHBOX 13:
Mäuse-Semmel, Käsestücke, Radieschenmäuse und Weintrauben

DAS IST DRIN:

- Mäuse-Semmel (Vollkorn-Quark-Semmeln, S. 56)
- 1 Salatblatt (z. B. Lollo bionda)
- ein paar helle Weintrauben
- Butter oder Frischkäse (optional)
- 1 dünne Scheibe Käse
- 3 dicke Scheiben vom Käseblock (z. B. Emmentaler)
- 1 Handvoll Radieschen
- bunte Spieße o. Ä.

SO WIRD'S GEMACHT:

1. Vollkorn-Quark-Semmeln in »Mausform« herstellen und auskühlen lassen.
2. Salat und Weintrauben waschen und abtrocknen.
3. Mäuse-Semmel aufschneiden mit Butter oder Frischkäse bestreichen, Salat auflegen und überschüssige Teile vom Blatt abzupfen, dann mit dünner Käsescheibe belegen.
4. Weintrauben auf bunte Spieße stecken.
5. Die dicken Käsescheiben in kleine Käsedreiecke schneiden.
6. Bei den Radieschen Grün und Wurzel nicht abschneiden. Grün nur etwas einkürzen, dann 2 Schlitze für die Anbringung der Ohren einschneiden. Ein weiteres Radieschen in Scheiben schneiden. 2 Scheiben in die Schlitze des »Mäuse-Radieschens« einklemmen. Nach Belieben noch ein paar weitere »Mäuse-Radieschen« herstellen.
7. Alle Zutaten schön bunt in der Lunchbox anordnen.

TIPPS: Die Brotdose möglichst waagrecht in der Schultasche lagern, sonst kommen die Mäuschen nicht im Ganzen an. Ansonsten ist es aber auch eine schöne Idee für die Kinder-Brotzeit zu Hause als Überraschung oder für die nächste Kinderparty.

Ohne Dekorieren/wenn's schneller gehen muss: Radieschen und Weintrauben einfach ohne Spieße und Garnieren in die Brotdose legen. Dicke Käsescheiben im Ganzen belassen.

VOLLKORN-QUARK-BRÖTCHEN

Zutaten für ca. 5 Mäuse-Semmeln in unterschiedlicher Größe, 6 Brotkugeln und 3 Mini-Brötchen:

- 250 g Mehl (z. B. Weizenvollkornmehl)
- 150 g Magerquark
- 100–120 ml Milch
- 2 EL Öl (z. B. Sonnenblumenöl)
- ½–1 TL Salz
- 1 Pck. Backpulver
- Kondensmilch zum Bestreichen
- Kerne und Saaten nach Wahl (z. B. Sonnenblumenkerne, Sesam, Chiasamen, Mohn)

1. Backofen auf 180 °C Umluft vorheizen. Ein Backblech mit Backpapier belegen.
2. Mehl, Magerquark, 100 ml Milch, Öl, Salz und Backpulver zu einem homogenen Teig vermischen.
3. Falls der Teig zu fest ist, noch etwas Milch hinzufügen.
4. Für die Mäuse-Semmeln 2 gleich große Kugeln Teig als Ohren verwenden und etwas platt drücken. Für den Mäusekopf ein Stück Teig nehmen und mit den Händen rollen. Die Rolle dann als Kreis legen und die Enden zusammendrücken.
5. Nun die Ohren andrücken und mit den Fingern etwas »verblenden«. Falls nötig, die Hände dazu feucht machen.
6. Mäuse-Semmeln mit Kondensmilch bestreichen und die Ohren nach Wahl mit Kernen und Saaten bestreuen und diese etwas andrücken.
7. Nach Belieben Mäuse-Semmeln, Brotkugeln und Mini-Brötchen herstellen. Bitte beim Formen beachten, dass der Teig beim Backen noch aufgeht.
8. Die Semmeln auf das Blech legen und 20–25 Minuten backen.

Dieses Rezept wird für die Lunchbox-Ideen auf S. 55 und S. 65 verwendet.

TIPP: Die Semmeln lassen sich gut auf Vorrat herstellen und einfrieren.

ON CE
MRC
M–
M+
OFF
685,17 :13

LUNCHBOX 14:

Thunfisch-Gemüse-Bällchen mit Gurken-Feta-Salat und Beeren

DAS IST DRIN:

- 8 Thunfisch-Gemüse-Bällchen (S. 60)
- Gurken-Feta-Salat (s. u.)
- ein paar Heidelbeeren
- ein paar Erdbeeren

SO WIRD'S GEMACHT:

1. Thunfisch-Gemüse-Bällchen und Gurken-Feta-Salat zubereiten. Die Bällchen auskühlen lassen.
2. Beeren waschen und abtrocknen.
3. Alle Zutaten in die Fächer der Lunchbox verteilen.

GURKEN-FETA-SALAT

Zutaten für 1 Portion:

- 100 g Salatgurke
- 30 g griechischer Joghurt Natur
- 40 g Feta oder Schafskäse
- Salz
- Pfeffer

1. Gurke waschen, abtrocknen, dann raspeln und die Flüssigkeit ausdrücken.
2. Joghurt hinzufügen und Feta darüber bröseln. Alles vermischen und mit Salz und Pfeffer würzen.

THUNFISCH-GEMÜSE-BÄLLCHEN

Zutaten für ca. 16 Stück:

150 g mehligkochende Kartoffeln (oder evtl. gekochte Reste vom Vortag)

30 g Babyspinat

1 Dose Thunfisch (im eigenen Saft)

1 Ei

20 g gehobelter Parmesan

30 g Mehl (z. B. Dinkelvollkornmehl)

Salz

Pfeffer

Öl (z. B. Rapsöl) zum Braten

1. Kartoffeln mit ausreichend Wasser weich köcheln, abschrecken und schälen. Noch warm im Topf zerstampfen.
2. Spinat waschen, klein schneiden und untermengen.
3. Thunfisch abtropfen lassen, dann mit Gabel zerrupfen und mit Ei und Parmesan zur Kartoffel-Spinat-Masse geben.
4. Mehl hinzufügen und alles gut verkneten. Mit Salz und Pfeffer abschmecken.
5. Mit feuchten Händen ca. 16 Bällchen formen, diese leicht andrücken.
6. Öl in einer Pfanne erhitzen, Bällchen rundherum goldbraun braten.

LUNCHBOX 15:
Gemüsewaffeln mit Wassermelonen-Feta-Salat und Mandeln

DAS IST DRIN:

- Gemüsewaffeln (S. 62)
- Wassermelonen-Feta-Salat (s. u.)
- ein paar Mandeln

SO WIRD'S GEMACHT:

1. Gemüsewaffeln und Wassermelonen-Feta-Salat zubereiten. Die Waffeln auskühlen lassen.
2. Alle Zutaten in die Fächer der Lunchbox verteilen.

WASSERMELONEN-FETA-SALAT

Zutaten für 2 Portionen:

- 200 g Wassermelone
- 100 g Feta oder Schafskäse
- 3 Stängel Minze
- Saft von ½ Limette
- 1 EL Öl (z. B. Olivenöl)
- 1 Prise Pfeffer

1. Wassermelone und Feta in Würfel schneiden bzw. nach Belieben mit einem Plätzchenausstecher in Sternform o. Ä. bringen.
2. Minze waschen und trocken schütten. Die Blätter abzupfen, grob hacken und mit der Wassermelone und dem Feta in eine Schüssel geben.
3. Alles mit Limettensaft und Öl beträufeln, vermengen und mit Pfeffer abschmecken.

GEMÜSEWAFFELN

Zutaten für ca. 4 Stück:

1 Ei
100 ml fettarme Milch (1,5 % Fett) oder Pflanzendrink
1 EL Öl (z. B. Olivenöl)
125 g Buchweizenmehl (alternativ Dinkel- oder Weizenmehl)
1 TL Backpulver
½ TL Salz
1 Prise Pfeffer
1 Prise Kurkuma
1 Prise Paprikapulver (edelsüß)
70 g Karotten
60 g Zucchini
Öl zum Fetten des Waffeleisens
Waffeleisen z. B. für Herz-Waffeln

1. Ei, Milch und Öl in einer großen Schüssel miteinander verquirlen.
2. Mehl, Backpulver und alle Gewürze in einer anderen Schüssel vermischen.
3. Die trockenen Zutaten zu den feuchten geben und alles miteinander verrühren, bis ein glatter Teig entsteht.
4. Karotten und Zucchini waschen, putzen, trocken tupfen und fein reiben. Aus den Gemüseraspeln das Wasser etwas ausdrücken.
5. Gemüse unter den Teig heben, das Waffeleisen aufheizen und fetten. Die Waffeln nacheinander ausbacken. Vor jedem Backvorgang das Waffeleisen wieder fetten.

TIPP: Karotten und Zucchini kann man durch anderes fein geschnittenes Gemüse (z. B. Paprikaschoten) ersetzen.

Notizen

LUNCHBOX 16:

Bunte Brotkugel-Spieße, gemischte Beeren und Walnüsse

DAS IST DRIN:

- 3 Brotkugeln (S. 56)
- 1 Stück Salatgurke
- 3 Dattel- oder Kirschtomaten
- ein paar Himbeeren
- ein paar Heidelbeeren
- 3 dicke Scheibe vom Käseblock (z. B. Emmentaler)
- 3 Mini-Salamis
- 3 Walnusshälften
- lange Holzspieße o. Ä.

SO WIRD'S GEMACHT:

1. 3 Vollkorn-Quark-Brötchen in Kugelform zubereiten und auskühlen lassen.
2. Gemüse und Beeren waschen und abtrocknen.
3. Gurke in 3 Scheiben schneiden.
4. Emmentaler in grobe Stücke schneiden.
5. 3 Brotspieße aufstecken: z. B. Salami, Gurke, Brotkugel, Käse, Tomate.
6. Alle Zutaten in die Fächer der Lunchbox verteilen.

TIPPS: Die Brotkugeln kann man beliebig kombinieren: z. B. mit Stücken von Fleischwurst, roter und gelber Paprikaschote, Radieschen, Mini-Mozzarella usw.

Ohne Dekorieren/wenn's schneller gehen muss:
Die einzelnen Bestandteile einfach in die Fächer der Lunchbox verteilen, ohne sie auf Spieße zu stecken, und ein paar Gurkenscheiben und Tomaten zum Auffüllen hinzufügen.

LUNCHBOX 17:
Mini-Laugenbrezel, Mini-Wiener, Snacktomaten, Gurkenscheiben, Schoko-Haferflocken-Kekse und Himbeeren

DAS IST DRIN:

Mini-Laugenbrezeln (S. 67)
4 Schoko-Haferflocken-Kekse (S. 68)
1 Stück Salatgurke
2 Dattel- oder Kirschtomaten
ein paar Himbeeren
2 Mini-Wiener

SO WIRD'S GEMACHT:

1. Mini-Laugenbrezeln und Schoko-Haferflocken-Kekse zubereiten und auskühlen lassen
2. Gemüse und Beeren waschen und abtrocknen. Gurke in Scheiben schneiden.
3. Wiener an beiden Enden kreuzförmig einschneiden.
4. Alle Zutaten in die Fächer der Lunchbox verteilen.

Ohne Dekorieren/wenn's schneller gehen muss: Wiener ohne Einschneiden hinzufügen.

LAUGENGEBÄCK

Zutaten für ca. 20 kleine Teilchen:

- 500 g Mehl (z. B. Weizenmehl)
- 7 g Trockenhefe oder 21 g frische Frischhefe
- 1 ½ TL Salz
- 35 g weiche Butter
- geriebener Käse zum Bestreuen (optional)
- Saaten oder Kerne zum Bestreuen (z. B. Kürbiskerne, Sonnenblumenkerne, Chiasamen)

Für die Lauge:

- 30 g Natron
- breiter Topf

1. Mehl, Hefe, Salz, 250 ml lauwarmes Wasser und Butter zu einem homogenen Teig vermischen. (Falls frische Hefe verwendet wird, diese erst im lauwarmen Wasser auflösen.) Noch etwas Wasser hinzufügen, falls der Teig zu trocken ist.
2. Mit einem feuchten Küchentuch oder Frischhaltefolie abdecken und an einem warmen Ort mindestens 1 Stunde gehen lassen.
3. Dann in die gewünschte Form verkneten: z. B. kleine Brezen, Mini-Laugensemmeln, Mini-Laugenbaguettes, Mini-Laugenkringel etc. Nochmals abdecken und gehen lassen, bis die Natronlauge fertig ist.
4. Für die Lauge 1 l Wasser und Natron in einen Topf geben und aufkochen lassen, danach den Herd auf niedrige Temperatur stellen.
5. Mit einem Schaumlöffel ein paar Teilchen in den Topf legen, mindestens 40 Sekunden im Bad belassen, dann wieder mit dem Schaumlöffel herausnehmen und auf einem Gitter abtropfen lassen. Ein Backblech mit Backpapier belegen und die Laugenteilchen darauf legen. Nach Belieben mit Käse, Saaten oder Kernen bestreuen und noch etwas ruhen lassen, bis der Backofen aufgeheizt ist.
6. Backofen auf 180 °C Umluft vorheizen, dann die Teiglinge hineinschieben und je nach Größe 10–15 Minuten backen.

Dieses Rezept wird für die Lunchbox-Ideen auf S. 66 und S. 77 verwendet.

SCHOKO-HAFERFLOCKEN-KEKSE

Zutaten ca. 10–15 Stück:

1 kleine reife Banane
80 g zarte Haferflocken
1 EL Kakaopulver, ungesüßt
1 Ei
½ TL Backpulver
Backform für kleine Kekse z. B. Häschen, Gugelhupf, etc. (optional)

1. Backofen auf 150 °C Umluft vorheizen. Bei Bedarf ein Backblech mit Backpapier belegen.
2. Banane schälen und mit der Gabel in einer Schüssel zerdrücken. Dann die restlichen Zutaten hinzufügen und alles gut vermengen.
3. Nach Belieben in eine Form wie hier z. B. in Häschen-Form füllen oder einfach zu Keksen oder Bällchen formen und auf das Blech geben.
4. Nun für ca. 8–12 Minuten im Backofen backen. Während des Backvorgangs darauf achten, dass sie nicht zu dunkel werden, evtl. sonst nach ca. 6 Minuten Backzeit mit Alufolie abdecken und fertig backen.

SPACE
EXPLORER

TIPP: Falls man keine Salzstangen verwenden möchte, kann man auch Cake-Pop-Stiele nehmen.

Ohne Dekorieren/wenn's schneller gehen muss: Käse einfach am Stück belassen und hinzufügen. Anstatt der Erdbeer-Rolls einfach den belegten Toast (s. S. 71) in die Lunchbox hinzufügen.

LUNCHBOX 18:
Erdbeer-Rolls, Käse-Zauberstäbe, Paprikastreifen und Erdbeeren

DAS IST DRIN:

- Erdbeer-Rolls (s. u.)
- ½ rote Paprikaschote
- ein paar Erdbeeren
- 1 dicke Scheibe vom Käseblock (z. B. Gouda)
- 2 Salzstangen
- ein paar Halme Schnittlauch
- Plätzchenausstecher nach Belieben (z. B. Sternform)
- Schaschlikspieß

SO WIRD'S GEMACHT:

1. Erdbeer-Rolls zubereiten.
2. Paprikaschote waschen, abtrocknen, entkernen, in längliche Streifen schneiden. Erdbeeren waschen, abtrocknen und evtl. halbieren.
3. Zwei Sterne aus dem Käse ausstechen. Mit einem Schaschlikspieß ein Loch vorstechen und die Salzstangen dann vorsichtig in den Käse bohren.
4. Schnittlauch waschen, trocken schütteln und in Röllchen schneiden. Käse damit bestreuen.

ERDBEER-ROLLS

Zutaten für 1 Portion:

- 2 Scheiben Toast (z. B. Vollkorntoastbrot, S. 72)
- 15 g Frischkäse
- 2–3 Erdbeeren
- 15 g Banane

1. Toastränder abschneiden und den Toast mit einem Nudelholz flacher rollen. Beide Scheiben mit Frischkäse bestreichen.
2. Erdbeeren waschen, abtrocknen, Grün entfernen und in Scheiben schneiden. Banane schälen und ebenfalls in Scheiben schneiden. Dann beides auf dem Frischkäse verteilen.
3. Toastbrot jeweils vorsichtig einrollen, etwas andrücken und in 4 Teile schneiden.

TIPP: Nach Belieben kann man z. B. auch Heidelbeeren statt Erdbeeren verwenden.

VOLLKORNTOASTBROT

Zutaten für 1 Brot:

300 ml Milch
21 g Frischhefe oder 7 g Trockenhefe
50 g plus 2 TL weiche Butter
500 g Vollkornmehl (z. B. Dinkel- oder Weizenmehl)
1 ½ TL Salz
Öl zum Fetten der Form
Kastenform 30 cm Länge

1. Milch bei niedriger Hitze erwärmen. Ca. 100 ml in eine kleine Schüssel geben, Hefe hineinbröseln und auflösen. 50 g Butter in die restliche Milch geben und darin schmelzen.
2. Hefe-Milch-Mischung zur Milch-Butter-Mischung geben und verrühren.
3. Mehl und Salz hinzufügen und zu einem glatten Teig verkneten. Noch etwas Milch hinzufügen, falls der Teig noch zu trocken ist. Zu einer Kugel formen, in eine Schüssel geben und mit Frischhaltefolie oder einem feuchten Küchentuch abdecken. Ca. 1 Stunde an einem warmen Ort gehen lassen, bis sich der Teig in etwa verdoppelt hat.
4. Nach der Ruhezeit kurz durchkneten und zu einer Rolle formen.
5. Kastenform fetten, die Rolle hineinlegen und zugedeckt nochmals 30 Minuten gehen lassen.
6. Backofen auf 190 °C Ober-/Unterhitze vorheizen.
7. Die Teigrolle mit ca. 1 TL weicher Butter bestreichen, in den Ofen schieben und 25–30 Minuten backen.
8. Aus dem Ofen nehmen und gleich nach dem Backen wieder mit 1 TL Butter bestreichen.

TIPP: Man kann die Hälfte des Vollkornmehls auch durch Weizenmehl Type 405 oder Dinkelmehl Type 630 ersetzen.

LUNCHBOX 19:

Pizza-Räder, Paprika- und Zucchinisticks und gemischte Beeren

DAS IST DRIN:

2 Pizza-Räder (S. 74)
1 Stück rote Paprikaschote
1 Stück Zucchini
ein paar Himbeeren
ein paar Heidelbeeren

SO WIRD'S GEMACHT:

1. Pizza-Räder zubereiten und auskühlen lassen.
2. Gemüse und Beeren waschen und abtrocknen.
3. Kerne von Paprikaschote und Zucchini entfernen und dann jeweils in Streifen schneiden.
4. Alle Zutaten in die Fächer der Lunchbox verteilen.

Ohne Dekorieren/wenn's schneller gehen muss:
Zucchini und Paprikaschote nur grob zuschneiden.

PIZZA-RÄDER

Zutaten für 4 Mozzarella- und 4 Hähnchenbrust-Räder:

- 100 ml Milch
- 15 g frische Hefe oder 5 g Trockenhefe
- 160 g Mehl (z. B. Dinkelvollkornmehl)
- 1 Prise Salz
- 1 TL Olivenöl
- 2–3 EL Tomatenmark
- getrocknete Kräuter (z. B. Oregano, Basilikum, Thymian)
- 60 g geriebener Emmentaler
- 30 g rote Paprikaschote
- 40 g Zucchini
- Salz
- Pfeffer
- 70 g geriebener Mozzarella
- 8 Scheiben Hähnchenbrust (ca. 40–50 g)

1. Milch lauwarm erhitzen. Hefe hineinbröckeln und glatt rühren, bis sich die Hefe aufgelöst hat. Abgedeckt 5–10 Minuten gehen lassen.
2. Mehl mit Salz vermischen.
3. Olivenöl zum Hefe-Gemisch hinzufügen und mit Mehl-Salz-Mischung zu einem glatten Teig verkneten. Mit einem feuchten Küchentuch oder Frischhaltefolie abdecken und an einem warmen Ort mindestens 1 Stunde gehen lassen.
4. Backofen auf 200 °C Ober-/Unterhitze vorheizen. Ein Backblech mit Backpapier auslegen. Teig nochmals kräftig durchkneten, auf eine bemehlte Arbeitsfläche geben und mit einem Nudelholz dünn ausrollen. Mit Tomatenmark bestreichen, dabei 1 cm Abstand zum Rand freihalten. Mit getrockneten Kräutern bestreuen.
5. Auf einer Teighälfte Emmentaler verteilen.
6. Paprikaschote und Zucchini waschen, abtrocknen, entkernen, dann klein würfeln und gleichmäßig auf dem Emmentaler verteilen. Mit Salz und Pfeffer würzen.
7. Auf der anderen Teighälfte erst den Mozzarella verteilen und dann mit Hähnchenbrust belegen.
8. Teig längs in 8 gleiche Teile schneiden, vorsichtig einrollen. Enden gut andrücken. Auf das Blech geben und ca. 15–20 Minuten backen.

TIPP: Nach Belieben die Füllung variieren: z. B. mit klein geschnittenen Stücken gekochter Schinken, Salami, Champignons usw.

SEE U
NO THANKS
LIFE
LUCKY
NOT SO

LUNCHBOX 20:

Herz-Laugenbrötchen, Schinkenröllchen, Käsewürfel, bunte Kirschtomaten, Snack-paprika, Ananasstücke mit Brombeeren

DAS IST DRIN:

- Herz-Laugenbrötchen (S. 67)
- ein paar bunte Dattel- oder Kirschtomaten
- 1 Mini-Paprikaschote
- ein paar Brombeeren
- 1 Scheibe Ananas
- 1 dickes Stück Käse (z. B. Emmentaler)
- 1–2 Scheibe(n) gekochter Schinken

SO WIRD'S GEMACHT:

1. Herz-Laugenbrötchen zubereiten und auskühlen lassen.
2. Gemüse und Beeren waschen und abtrocknen.
3. Ananas schälen und in Würfel schneiden.
4. Käse ebenfalls würfeln oder in Streifen schneiden.
5. Schinkenscheibe aufrollen und dann halbieren.
6. Alle Zutaten in die Fächer der Lunchbox verteilen.

Ohne Dekorieren/wenn's schneller gehen muss:
Laugenbrötchen z. B. mit Schinken belegen, Käsestück im Ganzen hinzufügen. Ananas-Scheibe nur halbieren bzw. grob zuschneiden.

Notizen

LUNCHBOX 21:
Käse-Makkaroni-Muffins, Snacktomaten, Kokosmakronen und gemischte Beeren

DAS IST DRIN:

2 Käse-Makkaroni-Muffins (S. 80)
3 Kokosmakronen (s. u.)
ein paar Kirschtomaten
ein paar Himbeeren
ein paar Heidelbeeren

SO WIRD'S GEMACHT:

1. Käse-Makkaroni-Muffins und Kokosmakronen zubereiten und auskühlen lassen.
2. Tomaten und Beeren waschen und abtrocknen.
3. Alle Zutaten schön bunt in die Lunchbox einsortieren.

KOKOSMAKRONEN

Zutaten für 15 Stück:

100 g Kokosflocken
2 Eiweiß
1 TL Honig oder Süße nach Belieben (Dattelsüße, S. 156, oder Reissirup)

1. Backofen auf 170 °C Umluft vorheizen. Ein Backblech mit Backpapier belegen.
2. Kokosflocken mit Eiweiß und Süße vermischen, 15 Bällchen formen, auf das Blech geben und ca. 10–15 Minuten goldgelb backen.

TIPP: Die Makronen kann man gut mit der Zubereitung der Käse-Makkaroni-Muffins (S. 80) kombinieren. Einfach zusammen in den Backofen schieben.

KÄSE-MAKKARONI-MUFFINS

Zutaten für 10–12 Stück:

- 360 g Hokkaido-Kürbis
- 1 kleine Zwiebel
- 1 TL Öl
- 100 ml Gemüsebrühe
- 150 g Hörnchen-Nudeln (z. B. Dinkelnudeln)
- ½ kleine Zucchini (ca. 80 g)
- ⅓ rote Paprikaschote (ca. 65 g)
- 50 g geriebener Emmentaler
- Salz
- Pfeffer
- 10–12 Silikon-Muffinförmchen

1. Backofen auf 170 °C Umluft vorheizen.
2. Hokkaido-Kürbis waschen, mit einem Löffel aushöhlen und entkernen, in Würfel schneiden.
3. Zwiebel schälen und klein würfeln.
4. Öl in einer Pfanne erhitzen, Zwiebel und Kürbis kurz darin anbraten. Mit der Gemüsebrühe ablöschen, Deckel aufsetzen und bei kleiner Flamme gar köcheln. Sobald die Kürbiswürfel weich sind, pürieren und kurz auskühlen lassen.
5. Nudeln laut Packungsanleitung in reichlich Salzwasser al dente kochen. Währenddessen Zucchini und Paprikaschote waschen, abtrocknen, entkernen und fein würfeln.
6. Sobald die Nudeln gar sind, abgießen, geschnittenes Gemüse mit Kürbispüree untermischen, dann geriebenen Emmentaler beimengen und mit Salz und Pfeffer abschmecken.
7. 10–12 Silikon-Muffinformen mit kaltem Wasser ausspülen, mit Nudel-Kürbis-Masse befüllen, leicht andrücken. Ca. 20–25 Minuten backen.

TIPPS: Anstelle von Zucchini und Paprikaschote schmecken auch Karotten- und Tomatenstücke. Man kann auch 1–2 EL frisch gehackte Kräuter wie z. B. Petersilie hinzufügen. Emmentaler kann man durch Gouda oder Edamer ersetzen.

LUNCHBOX 22:
Reis-Gemüse-Puffer, Kräuterquark, Tomaten-Gurken-Mix und Heidelbeeren

DAS IST DRIN:

- 2–3 kleine Reis-Gemüse-Puffer (S. 82)
- Kräuterquark (s. u.)
- 1 Stück Gurke
- ein paar Dattel- oder Kirschtomaten
- ein paar Heidelbeeren

SO WIRD'S GEMACHT:

1. Reis-Gemüse-Puffer und Kräuterquark zubereiten. Die Puffer auskühlen lassen.
2. Gemüse und Beeren waschen und abtrocknen, Gurke in Viertel schneiden, Tomaten halbieren.
3. Alle Zutaten in die Fächer der Lunchbox bzw. die separate Dip-Dose füllen.

TIPPS: Reis-Gemüse-Puffer schmecken z. B. auch lecker in Kombination mit Frikadellen (Hackbällchen, S. 26). Obst und Gemüse nach Belieben austauschen.

KRÄUTERQUARK

Zutaten für 2–3 Portionen:

- 2 Stängel Petersilie
- ½ Bund Schnittlauch
- 250 g Magerquark
- 50 g Joghurt Natur
- 1 EL Zitronensaft
- Salz
- Pfeffer

1. Kräuter waschen und trocken schütteln. Petersilie fein hacken, Schnittlauch in Röllchen schneiden.
2. Magerquark, Joghurt und Zitronensaft verrühren.
3. Kräuter hinzufügen und mit Salz und Pfeffer abschmecken.

TIPP: Dem Kräuterquark kann man z. B. auch 1 gehackte oder gepresste Knoblauchzehe hinzufügen und 1 gehackte Schalotte. Mit frischer Kresse bestreuen.

Dieses Rezept wird für die Lunchbox-Ideen auf S. 81 und S. 91 verwendet.

REIS-GEMÜSE-PUFFER

Zutaten für ca. 12–15 Stück:

- 100 g Reis (entspricht ca. 250–300 g gekochtem Reis)
- 100 g Karotte
- 50 g Zucchini
- ½ kleiner Bund Petersilie
- 100 g geriebener Käse (z. B. Gouda oder Emmentaler)
- 2 Eier
- 50–70 g Mehl (z. B. Dinkelmehl Type 630)
- Salz
- Pfeffer
- Paprikapulver (edelsüß)
- Öl zum Braten

1. Reis nach Packungsanleitung zubereiten und abkühlen lassen.
2. Gemüse waschen, putzen und abtrocknen. Dann fein raspeln und die Feuchtigkeit gut ausdrücken.
3. Petersilie waschen, trocken schütteln und fein hacken.
4. Alle Zutaten in einer Schüssel vermischen. Falls der Teig noch zu breiig ist, etwas Mehl hinzufügen.
5. Öl in einer Pfanne erhitzen, 1–2 EL der Masse pro Puffer in die Pfanne setzen und etwas flach drücken. Hitze reduzieren. Sobald die Unterseite gut gebräunt ist, die Puffer wenden und in 4–7 Minuten bei niedriger Hitze durchgaren.
6. Wieder Öl in die Pfanne geben und Vorgang wiederholen, bis die Teigmasse aufgebraucht ist.

TIPPS: Reis-Gemüse-Puffer kann man ideal auch als Mittag- oder Abendessen am Vortag zubereiten und die Reste am nächsten Tag in die Lunchbox packen. Sehr gut auch zum Einfrieren geeignet. Einfach auftauen und mit etwas Gemüse oder Obst in der Brotdose kombinieren. Beim Einfrieren zwischen die Bratlinge Backpapier oder Frischhaltefolie legen.

Das Rezept ist auch eine gute Resteverwertung von übrig gebliebenem Reis.

Weitere Zutatenvorschläge: Paprikawürfel, gehackte Schalotte oder Frühlingszwiebel, Mais und Erbsen oder gegarte Putenbrust- oder Hähnchenbrustwürfel etc.. Dazu schmeckt Kräuterquark (s. S. 81).

LUNCHBOX 23:

Knabber- und Tomatenwürmchen, Käseblume und Erdbeeren

DAS IST DRIN:

- 1 Knabberwürmchen (Vollkorngebäck s. u.)
- ein paar bunte Dattel- und Kirschtomaten
- ein paar Erdbeeren
- 1 Mini-Käse
- Plätzchenausstecher Blume
- 1 Holzspieß oder Cake-Pop-Stiel
- 2 Augen-Spicker (optional)

SO WIRD'S GEMACHT:

1. Knabberwürmchen zubereiten, auskühlen lassen und nach Belieben mit einem Augen-Spicker versehen.
2. Tomaten und Erdbeeren waschen und abtrocknen.
3. Auf einem Spieß 2 gelbe Datteltomaten und 1 rote Kirschtomate aufstecken und ebenso mit Augen-Spicker versehen.
4. Wachsschale vom Mini-Käse abziehen. Mit dem Ausstecher aus dem Mini-Käse eine Blume ausstechen.
5. Alles zusammen in die Fächer der Lunchbox verteilen.

VOLLKORNGEBÄCK

Zutaten für 10–20 Stück, je nach gewünschter Größe und Form:

- 250 g Mehl (z. B. Weizen-vollkornmehl)
- ½ Pck. Backpulver
- ½ TL Salz
- 100 g Magerquark
- 4 EL Öl (z. B. Sonnen-blumenöl)
- 20–30 ml Milch
- zum Bestreuen nach Belieben: Reibekäse, Saaten und Kerne (z. B. Sesam, Chia, Kürbiskerne)

1. Backofen auf 180 °C Umluft vorheizen. Ein Backblech mit Backpapier belegen.
2. Alle Zutaten zu einem homogenen Teig verrühren. Falls der Teig noch zu trocken ist, noch etwas Milch hinzufügen.
3. Dann in Formen nach Belieben kneten (z. B. Schnecken, Stangen, Brezeln), evtl. Saaten einkneten. Mit etwas Wasser bepinseln. Nach Belieben mit Käse oder Saaten bestreuen und etwas andrücken.
4. Auf das Blech geben und 15–20 Minuten im Ofen backen.

Dieses Rezept wird für die Lunchbox-Ideen auf S. 84 und S. 86 verwendet.

Ohne Dekorieren/wenn's schneller gehen muss: Man kann auch Knabberstangen anstatt »Würmchen« backen, den Käse ohne Ausstecher hinzufügen und die Tomaten und Erdbeeren jeweils in die Fächer der Lunchbox geben.

LUNCHBOX 24:
Knabber-Schnecke, Mini-Würstchen, Cookie-Dough-Bällchen, Gurken-Blumen und Weintrauben

DAS IST DRIN:

Knabber-Schnecke (Vollkorngebäck, S. 84)

Cookie-Dough-Bällchen (S. 87)

ein paar Snackgurken

ein paar dunkle Weintrauben

6–8 Mini-Würstchen (z. B. Salami oder Wiener)

SO WIRD'S GEMACHT:

1. Knabber-Schnecke und Cookie-Dough-Bällchen zubereiten. Die Schnecke auskühlen lassen.
2. Gurke und Weintrauben waschen und abtrocknen.
3. Gurke auf die Arbeitsfläche legen, die Spitze eines kleinen scharfen Messers ungefähr in der Mitte der Gurke ansetzen und nun Dreieck für Dreieck bis ungefähr zur Mitte der Gurke einschneiden bis man wieder am Anfang angekommen ist. Die Gurkenhälften dann vorsichtig auseinandernehmen.
4. Alle Zutaten schön bunt in die Lunchbox einordnen.

TIPP: Die Mini-Würstchen kann man durch Wurst, Käse oder Hähnchenbrust (nach Wunsch in Streifen, Scheiben oder Würfel geschnitten) ersetzen.

Ohne Dekorieren/wenn's schneller gehen muss: Anstelle der Knabber-Schnecke kann man das Vollkorngebäck auch zu Knabberstangen oder Knabbertalern formen. Die Snackgurke in Scheiben schneiden oder einfach im Ganzen zum Abbeißen hinzufügen.

Ein Video, wie man Gurkenblumen schneidet, finden Sie auf happyfitfood.de/kinder-lunchbox.

COOKIE-DOUGH-BÄLLCHEN

Zutaten für ca. 10 Stück:

- 120 g Kichererbsen (abgetropft)
- 30 g Honig oder Süße nach Belieben (Dattelsüße, S. 156, oder Reissirup)
- 25 g Kokosmehl (alternativ Mandelmehl bzw. gemahlene Mandeln)
- 1 gehäufter TL Lebkuchengewürz (optional)
- 10 g Schokoladentropfen Zartbitter (mind. 70 % Kakaoanteil, gesüßt z. B. mit Xylit)

1. Kichererbsen mit Süßungsmittel fein pürieren, nach Bedarf 1–2 TL Wasser hinzufügen.
2. Kokosmehl mit Lebkuchengewürz vermischen und unter die Kichererbsenmasse mischen. Sollte der Teig zu bröckelig sein, 1–2 TL Wasser hinzufügen.
3. Schokoladentropfen untermischen und mit feuchten Händen kleine Bällchen formen. Danach mind. 1 Stunde im Kühlschrank durchkühlen lassen.

LUNCHBOX 25:

Sternenhimmel-Brot, Karotten- und Kohlrabisticks, Ananasstreifen und Heidelbeeren

DAS IST DRIN:

2 dunkle Brote (z. B. Vollkornbrot, S. 36)
Karottenaufstrich (S. 90)
1 Stück helles Brot oder Toast
1 Karotte
1 Stück Kohlrabi
1 Stück Ananas
ein paar Heidelbeeren
Plätzchenausstecher: kleine Sterne

SO WIRD'S GEMACHT:

1. Vollkornbrot und Karottenaufstrich zubereiten. Das Brot auskühlen lassen.
2. Eine Scheibe Vollkornbrot mit Karottenaufstrich bestreichen.
3. Aus der anderen Vollkornbrotscheibe 3 Sterne ausstechen.
4. Mit der gleichen Sternform 3 Sterne aus dem hellen Brot ausstechen. Die hellen Sterne nun in die Lücken des dunklen Brotes geben. Die Sternbrotscheibe als Deckel auf den Karottenaufstrich legen, nach Belieben in der Mitte teilen.
5. Gemüse und Obst waschen, putzen und abtrocknen.
6. Karotten und Kohlrabi schälen und in Stifte schneiden.
7. Ananas schälen und in Streifen schneiden.
8. Alle Zutaten in der Lunchbox anordnen.

TIPP: Karottenaufstrich kann man auch in einem kleinen Döschen als Dip für die Gemüsesticks hinzufügen und das Brot nach Belieben anders belegen (z. B. mit Käse oder Schinken).

Ohne Dekorieren/wenn's schneller gehen muss: Das Ausstechen der Sterne weglassen. Obst und Gemüse nur in groben Stücken hinzufügen.

KAROTTENAUFSTRICH

Zutaten für 2–4 Portionen:

200 g Karotten
125 ml Gemüsebrühe
1 TL weiche Butter
1 TL Zitronensaft
Salz
Pfeffer

1. Karotten waschen, putzen, abtrocknen, nach Belieben schälen und in Scheiben schneiden.
2. Mit der Gemüsebrühe in einen kleinen Topf geben und bei mittlerer Hitze in 5–10 Minuten garen.
3. Die Brühe abgießen und die gekochten Karotten pürieren.
4. Butter unterrühren.
5. Mit Zitronensaft und Gewürzen abschmecken.

TIPPS: Sesamsamen ohne Fett in einer beschichteten Pfanne kurz anrösten und Aufstrich damit bestreuen oder darin einrühren. Butter kann man z. B. durch ein hochwertiges Öl (z. B. Lein- oder Olivenöl) oder Mandelmus ersetzen.

LUNCHBOX 26:
Pikante Waffelhappen, Käseröllchen, Gurkensticks, Kräuterquark und gemischte Beeren

DAS IST DRIN:

Pikante Waffelhappen (S. 92)
Kräuterquark (S. 81)
1 Stück Salatgurke
ein paar Himbeeren
ein paar Heidelbeeren
1 große Scheibe Käse (z. B. Gouda)

SO WIRD'S GEMACHT:

1. Pikante Waffelhappen und Kräuterquark zubereiten. Die Waffeln auskühlen lassen.
2. Gurke und Beeren waschen und abtrocknen. Gurke in längliche Sticks schneiden.
3. Käsescheibe aufrollen und in 4–6 gleich große Stücke schneiden. Erst die Gurkensticks in ein Fach geben, dann die Käseröllchen hochkant danebenstellen.
4. Restliche Zutaten in die Fächer der Lunchbox anrichten.

TIPP: Obst und Gemüse nach Belieben variieren: z. B. Himbeeren, Kirschtomaten, Kohlrabi- oder Karottenstücke etc.

Ohne Dekorieren/wenn's schneller gehen muss: Waffeln im Ganzen belassen. Käsescheibe einfach aufrollen und im Ganzen hinzufügen. Gurke nur in grobe Stücke schneiden.

PIKANTE WAFFELHAPPEN

Zutaten für 3 Stück:

30 g zimmerwarme Halbfettbutter
1 Ei
30 g Mehl (z. B. Dinkelvollkornmehl)
¼ TL Backpulver
1 EL Tomatenmark
1 TL Senf
¼ TL Knoblauchgranulat
2 Scheiben gegarte Hähnchenbrust
15 g Käse (z. B. Gouda)
½ TL getrockneter Oregano
Salz
Pfeffer
Öl zum Fetten des Waffeleisens
(Belgisches) Waffeleisen

1. Butter mit dem Ei schaumig schlagen.
2. Mehl mit Backpulver vermischen, abwechselnd mit 60 ml lauwarmem Wasser unter Buttermasse rühren.
3. Tomatenmark, Senf und Knoblauchgranulat untermischen.
4. Hähnchenbrustscheiben und Gouda sehr klein schneiden und untermengen. Mit Oregano, Salz und Pfeffer abschmecken.
5. Waffeleisen einfetten und vorheizen. 3 Waffeln herausbacken und nach Belieben in Happen schneiden.

TIPPS: Die Waffeln kann man auch in einem Herzform-Waffeleisen backen. Nach Belieben die Hähnchenbrust durch Salami, Schinken etc. ersetzen oder einen anderen Käse verwenden. Ebenso kann man ein paar feine Gemüsewürfel (wie z. B. Paprikaschote) untermengen.

HDL
Water Game

LUNCHBOX 27:

Windräder-Wraps, Fruchtgummis, Nuss-Mix und Heidelbeeren

DAS IST DRIN:

- Windräder-Wraps (S. 97)
- Fruchtgummis (S. 97)
- ein paar Heidelbeeren
- Nuss-Mix bzw. Nüsse oder Mandeln nach Belieben (optional)

SO WIRD'S GEMACHT:

1. Windräder-Wraps und Fruchtgummis zubereiten.
2. Heidelbeeren waschen und abtrocknen.
3. Alle Zutaten in der Brotdose anrichten.

Ohne Dekorieren/wenn's schneller gehen muss: Die gefüllten Wraps kann man auch am Stück belassen und nicht zurechtschneiden. Damit die Wraps geschlossen bleiben, kann man einen Küchenbindfaden locker herumbinden oder man legt ihn in ein Fach in der Lunchbox, das so schmal ist, dass sich der Wrap nicht mehr aufwickeln kann.

VOLLKORN-WRAPS

Zutaten für 4–6 Stück:

- 200 g Vollkornmehl (z. B. Dinkel- oder Weizenmehl)
- 1 TL Salz
- 2 EL Öl (z. B. Olivenöl)
- Mehl zum Verarbeiten des Teigs

1. Mehl und Salz in einer Rührschüssel vermischen.
2. Die restlichen Zutaten und 100 ml Wasser hinzufügen und zu einem glatten Teig verkneten. Noch etwas Wasser hinzufügen, falls der Teig noch zu trocken ist. Dann abgedeckt ca. 15 Minuten ruhen lassen.
3. Damit die Wraps weich bleiben und gerollt werden können, sollte man sie nach dem Backen entweder in ein sauberes feuchtes (gut ausgewrungenes) Geschirrtuch wickeln oder in einen verschließbaren Gefrierbeutel oder luftdichten Behälter legen. Das sollte man vor dem Backen schon zurechtlegen.
4. Teig je nach gewünschter Wrap-Größe in 4–6 Stücke teilen.
5. Arbeitsfläche bemehlen und Teigstücke erst zu Kugeln formen und dann jeweils sehr dünn (etwa 1 mm) ausrollen.
6. Eine beschichtete Pfanne erhitzen und einen Teigfladen hineingeben. Sobald der Teig Blasen wirft, kann man den Wrap wenden und auf der anderen Seite fertig backen. Da die Wraps so dünn sind, geht das sehr schnell.

Dieses Rezept wird für die Lunchbox-Ideen auf S. 53, S. 95, S. 124 und S. 127 verwendet.

TIPPS: Hart gewordene Wraps werden auch wieder weich, wenn man sie kurz in der Mikrowelle oder dem Ofen erwärmt. Man kann sie auch sehr gut einfrieren. Dazu am besten ein Stück Backpapier oder Frischhaltefolie zwischen die Wraps legen. Falls man helle Wraps herstellen möchte, eignet sich z. B. Weizenmehl Type 550 oder Dinkelmehl Type 630 dafür. Dabei nach Bedarf die Wassermenge etwas reduzieren.

WINDRÄDER-WRAPS

Zutaten für 1 Portion:

- 1 Vollkorn-Wrap (S. 96)
- ca. 15 g (Kräuter-)Frischkäse
- 3 Scheiben Hähnchenbrust (ca. 30 g)
- 1 Scheibe Gouda (ca. 15 g)
- 1 Blatt Eisbergsalat
- Zahnstocher

1. Wrap mit Frischkäse bestreichen und mit Hähnchenbrust und Gouda belegen.
2. Salat waschen, abtrocknen, kleiner schneiden, auf dem Wrap verteilen und einrollen. Evtl. kleiner schneiden und mit Zahnstochern fixieren.

TIPPS: Die Füllung kann man nach Belieben z. B. mit Schinken, Salami, Aufstrichen (wie Hummus und Kräuterquark) oder Gemüsesticks und Salat variieren.

FRUCHTGUMMIS

Zutaten für ca. 2 Portionen:

- 100 ml Karotten-Multivitaminsaft
- 100 ml Traubensaft
- 2 Pck. gemahlene Gelatine (à 9 g oder 2 TL Agar Agar)
- Fruchtgummi-Silikonformen oder Pralinenformen

1. Silikonformen mit kaltem Wasser ausspülen.
2. Jeweils separat Multivitaminsaft und Traubensaft mit je 1 Päckchen Gelatine oder 1 TL Agar Agar glatt rühren und mindestens 5–10 Minuten quellen lassen.
3. Bei Verwendung von Gelatine den Saft bei kleiner Hitze erwärmen (Gelatine darf nicht kochen, sonst verliert sie ihre Gelierfähigkeit) und die Gelatine einrühren, bis sie sich aufgelöst hat, dann von der Herdplatte nehmen und abschäumen. Bei Verwendung von Agar Agar: Saft und Agar Agar vermischen und unter ständigem Rühren für mindestens 2 Minuten aufkochen lassen, dann abschäumen.
4. Jeweils mit einer Pipette oder einem Teelöffel in die Silikonformen füllen. Mindestens 4 Stunden kalt stellen.

TIPP: Die Fruchtgummis sind eher weich. Sie schmecken auch mit Orangen-, Apfel- oder Kirschsaft lecker.

LUNCHBOX 28:

Belegtes Haferflocken-Brötchen, Tomaten-Mozzarella-Snack-Mix, Mango und Heidelbeeren

DAS IST DRIN:

- 1–2 Haferflocken-Brötchen (S. 100)
- ein paar Dattel- oder Kirschtomaten
- ein paar Heidelbeeren
- ½ Mango
- ein paar Mini-Mozzarella-Kugeln
- Aufstrich nach Belieben (z. B. Butter)
- 1 kleine Scheibe Käse (z. B. Gouda oder Emmentaler)
- Plätzchenausstecher (z. B. Bonbonform)

SO WIRD'S GEMACHT:

1. Haferflocken-Brötchen zubereiten und auskühlen lassen.
2. Tomaten und Beeren waschen und abtrocknen.
3. Mango entkernen, schälen und das Fruchtfleisch in Scheiben schneiden. Mit einem Ausstecher in Bonbonform ausstechen.
4. Mini-Mozzarella gut abtropfen lassen und mit den Snacktomaten in einem Fach vermischen. Mangostücke und Heidelbeeren in ein weiteres Fach geben.
5. Haferflockenbrötchen nach Belieben mit Butter oder Aufstrich bestreichen und mit einer Käsescheibe belegen.

Ohne Dekorieren/wenn's schneller gehen muss: Mango einfach in groben Stücken hinzufügen.

HAFERFLOCKEN-BRÖTCHEN

Zutaten für 6–8 Stück:

- 2 Eier
- 180–200 g Skyr
- 1 TL Salz
- 2 TL Backpulver
- 200 g zarte Haferflocken
- Kerne und Saaten nach Wahl (z. B. Sonnenblumenkerne, Sesam, Chiasamen, Mohn)

1. Backofen auf 200 °C Ober-/Unterhitze vorheizen. Ein Backblech mit Backpapier auslegen.
2. Eier, Skyr und Salz verquirlen.
3. Backpulver hinzufügen und kurz verrühren, dann die Haferflocken untermischen.
4. Den klebrigen Teig mit befeuchteten Händen je nach gewünschter Größe zu 6–8 Brötchen formen und auf das Blech geben.
5. Nach Belieben mit Kernen oder Saaten bestreuen und diese etwas andrücken.
6. In den Ofen schieben und 20–25 Minuten backen.

TIPPS: Lassen sich gut auf Vorrat herstellen und einfrieren. Man kann auch einen Teil der Haferflocken (z. B. 100 g) mahlen bzw. mit dem Rührbesen zerkleinern, dann wird die Konsistenz feiner. Die Brötchen werden noch saftiger, wenn man ca. 50 g Karottenraspel hinzufügt. Für eine süße Version gibt man nur 1 Prise Salz hinzu und mischt entweder noch 1 pürierte Banane oder 2 EL Süßungsmittel (wie z. B. Honig oder Dattelsüße, S. 156) hinzu.

Anstelle von Skyr kann man auch griechischen Joghurt oder Magerquark verwenden.

LUNCHBOX 29:
Gurken-Sushi, Snacktomaten, Karottensticks, Müsliriegel und Kiwi-Schmetterlinge

DAS IST DRIN:

Müsliriegel (S. 102)
Gurken-Sushi (S. 102)
1 kleine Karotte
ein paar Dattel- oder Kirschtomaten
2–3 Scheiben Kiwi

SO WIRD'S GEMACHT:

1. Müsliriegel und Gurken-Sushi zubereiten. Die Riegel auskühlen lassen.
2. Gemüse waschen und abtrocknen. Karotte nach Belieben schälen und in kleine Stifte schneiden.
3. Für den Kiwi-Schmetterling 1 Kiwischeibe halbieren, einen Teil der Schale dünn einschneiden und gegenverkehrt zueinander legen.
4. Alle Zutaten schön bunt in der Lunchbox einordnen.

Ohne Dekorieren/wenn's schneller gehen muss: Anstatt des Gurken-Sushis kann man Gurke und Paprikaschote auch in Sticks oder Stücken zum Knabbern in die Box geben. Frischkäse kann man in einem eigenen kleinen Behälter hinzufügen. Oder man schneidet einfach ein paar Stücke Paprikaschote und bestreicht sie mit Frischkäse. Als Kiwi-Schmetterlings-Alternative eine Kiwi halbieren und einen Löffel zum Auslöffeln mitgeben oder die Kiwi schälen und in Scheiben schneiden.

MÜSLIRIEGEL

Zutaten für 10–15 kleine Riegel oder kleinere Quadrate:

- 30 g geschrotete Leinsamen
- 1 Apfel (z. B. Braeburn oder Gala)
- 30 g getrocknete, entsteinte Datteln
- 60 g Nussmischung
- 100 g Haferflocken
- Zimt
- 15 g Öl (z. B. flüssiges Kokosöl oder zerlassene Butter)

1. Backofen auf 160 °C Umluft vorheizen. Ein Backblech mit Backpapier belegen.
2. Leinsamen in eine kleine Schüssel geben und knapp mit Wasser bedeckt quellen lassen.
3. Apfel waschen, abtrocknen, schälen und das Kerngehäuse entfernen. Apfel raspeln oder in sehr feine Stücke schneiden.
4. Datteln und Nussmischung klein hacken.
5. Leinsamen abseihen und dann mit den restlichen Zutaten vermischen. Falls der Teig noch zu trocken ist, noch etwas Wasser hinzufügen.
6. Auf das Blech streichen und 15–20 Minuten backen.
7. Nach dem Backen gleich in beliebige Stücke schneiden.

TIPP: Die Nussmischung kann man nach Belieben auch selbst zusammenstellen: z. B. mit Haselnüssen, Walnüssen, Erdnüssen, Pekannüssen oder Kernen wie Cashew- und Mandelkernen etc.

GURKEN-SUSHI

Zutaten für 1 Portion:

- ½ Salatgurke
- ½ gelbe Paprikaschote
- ½ orange oder rote Paprikaschote
- (Kräuter-)Frischkäse
- Holzspieße o. Ä.

1. Gemüse waschen. Paprikaschote entkernen und in Streifen schneiden.
2. Längliche Scheiben von der Gurke abschneiden oder hobeln (ca. 3 mm dick). Diese mit Frischkäse bestreichen und auf einer Seite einen Teil der Paprikastreifen auflegen. Dann von dieser Seite aus aufrollen, auf einen Spieß stecken und damit gut fixieren.

TIPPS: Die Gurke kann man durch Zucchini ersetzen und die Füllung nach Belieben variieren z. B. mit Gemüse-, Käse- oder Wurststreifen. Ebenso kann man auch in einer großen Scheibe gekochter Schinken Gemüse einwickeln und aufrollen.

LUNCHBOX 30:
Süße Waffeln mit Kirschkompott und Mozzarella-Tomaten-Basilikum-Spieße

DAS IST DRIN:

Süße Waffeln (s. u.)
Kirschkompott (S. 105)
4 frische Basilikumblätter
4 Kirschtomaten
2 Mini-Mozzarella
Zahnstocher, bunte Spieße o. Ä.

SO WIRD'S GEMACHT:

1. Süße Waffeln und Kirschkompott zubereiten und auskühlen lassen.
2. Basilikumblätter und Tomaten waschen und abtrocknen.
3. Tomaten und Mini-Mozzarella abwechselnd mit den Basilikumblättern auf Spieße aufstecken.
4. Alle Zutaten in die Fächer der Lunchbox verteilen.

Ohne Dekorieren/wenn's schneller gehen muss: Tomaten, Basilikum und Mini-Mozzarella einfach in ein Fach in der Lunchbox füllen, ohne sie auf Spieße zu stecken.

SÜSSE WAFFELN

Zutaten für 2 Stück:

60 g Mehl (z. B. Dinkelvollkornmehl)
½ TL Backpulver
1 Ei
60 ml Milch
1 EL Honig oder Dattelsüße, S. 156, bzw. Süßungsmittel nach Belieben
Öl zum Fetten des Waffeleisens
(Belgisches) Waffeleisen

1. Mehl mit Backpulver mischen, Ei einrühren. Milch und Honig hinzufügen und glatt rühren. Kurz ruhen lassen.
2. Waffeleisen mit Öl einpinseln und auf mittlere Stufe erhitzen. Dann 2 Waffeln goldbraun herausbacken und evtl. jeweils in 3 Teile schneiden.

TIPP: Anstatt des Honigs kann man beispielsweise auch mit ½-1 reifen Banane süßen. Die Waffelteigmenge erhöht sich dadurch und ggf. sollten noch 1–2 EL Mehl hinzugefügt werden. Ebenso kann man mit Reissirup süßen, davon ca. 1 ½ EL verwenden.

KIRSCHKOMPOTT

Zutaten für 1–2 Portionen:

- 110 g Kirschen (ohne Stein, aus dem Glas, ohne Zuckerzusatz)
- 1 TL Honig
- 1 Msp. Johannisbrotkernmehl (alternativ Guarkernmehl oder Speisestärke)

1. Kirschen abgießen und abtropfen lassen, dabei den Saft auffangen und 110 ml abmessen.
2. Kirschen mit Saft und Honig in einem Topf aufkochen.
3. Vom Herd nehmen, etwas Johannisbrotkernmehl einrieseln lassen, gut einrühren und nochmals aufkochen. Auskühlen lassen.

TIPP: Anstatt des Honigs kann man z. B. auch 1½ TL Reissirup oder Dattelsüße (S. 156) nehmen.

esa

LUNCHBOX 31:
Omelett-Sticks, bunte Paprikastreifen und Weintrauben-Beeren-Blume

DAS IST DRIN:

Omelett-Sticks (S. 108)
½ rote Paprikaschote
½ gelbe Paprikaschote
ein paar helle, kernlose Weintrauben
1 Himbeere

SO WIRD'S GEMACHT:

1. Omelett-Sticks zubereiten.
2. Gemüse und Obst waschen und abtrocknen.
3. Paprikaschoten entkernen und in Streifen schneiden, dann bunt in ein Fach der Lunchbox verteilen.
4. Weintrauben und Himbeere z. B. in einem Lunchbox-Fach oder einem Muffinförmchen in Blumenform legen.

TIPP: Für die Omelett-Streifen wird jeweils ½ rote und gelbe Paprikaschote verwendet. Der Rest kann als Knabbersticks in die Lunchbox gelegt werden.

Ohne Dekorieren/wenn's schneller gehen muss: Weintrauben und Himbeere(n) einfach in ein Fach der Lunchbox geben, ohne sie als Blume anzurichten. Paprikaschoten nur in groben Stücken hinzufügen.

OMELETT-STICKS

Zutaten für 2–3 Portionen:

1 kleine Zucchini
½ rote Paprikaschote
½ gelbe Paprikaschote
2 Frühlingszwiebeln
½ Zwiebel
1 Knoblauchzehe (optional)
1 EL Öl (z. B. Olivenöl)
5 Eier
1 TL getrockneter Oregano
Salz
Pfeffer

1. Zucchini, Paprikaschoten und Frühlingszwiebeln waschen und abtrocknen.
2. Zucchini der Länge nach vierteln und in kleine Stücke schneiden. Paprikaschoten entkernen und ebenfalls in kleine Stücke schneiden.
3. Frühlingszwiebeln putzen und in Röllchen schneiden.
4. Zwiebel und Knoblauchzehe schälen und fein hacken.
5. Öl in einer Pfanne bei mittlerer Hitze erwärmen. Sämtliches Gemüse darin etwa 5 Minuten lang anbraten.
6. Währenddessen die Eier in einer Schüssel verquirlen. Oregano, Salz und Pfeffer einrühren.
7. Eiermasse gleichmäßig über das Gemüse gießen und alles mit geschlossenem Deckel weitere 5–7 Minuten garen lassen, bis das Ei komplett durchgestockt ist und die Ränder goldbraun sind.
8. Das Omelett abkühlen lassen, dann in Streifen schneiden.

TIPP: Gemüse nach Belieben variieren: z. B. Stücke von Kirschtomaten, Brokkoli, Blumenkohl, Champignons oder aber auch mit Schinken, Salami, Putenwurst etc.

LUNCHBOX 32:
Vollkornhörnchen, Tomaten-Mozzarella-Spieße, Paprikascheiben und Gurkensterne

DAS IST DRIN:

1 Vollkornhörnchen (S. 110)
Frischkäse
ein paar Halme Schnittlauch
1 orange Mini-Paprikaschote
1 Stück Gurke
6 Dattel- oder Kirschtomaten
3 Mini-Mozzarella
Plätzchenausstecher nach Belieben (z. B. Stern)
Holzspieße o. Ä.

SO WIRD'S GEMACHT:

1. Vollkornhörnchen zubereiten und auskühlen lassen.
2. Schnittlauch und Gemüse waschen und abtrocknen.
3. Paprikaschote entkernen und in Scheiben schneiden.
4. Gurke ebenfalls in Scheiben schneiden und Sterne ausstechen.
5. Schnittlauch in Röllchen schneiden. Vollkornhörnchen halbieren, mit Frischkäse bestreichen und mit Schnittlauch bestreuen.
6. Abwechselnd Tomaten und Mini-Mozzarella auf Spieße aufstecken.
7. Alle Zutaten in die Fächer der Lunchbox verteilen.

TIPP: Das Hörnchen kann man nach Belieben bestreichen (z. B. mit Butter oder Karottenaufstrich, S. 90) oder mit Käse, Hähnchenbrust in Scheiben usw. belegen.

Ohne Dekorieren/wenn's schneller gehen muss: Tomaten und Mozzarella in ein Fach der Lunchbox geben. Mini-Paprikaschote im Ganzen hinzufügen. Gurke in Scheiben oder grobe Stücke schneiden.

VOLLKORNHÖRNCHEN

Zutaten für ca. 24 kleine Hörnchen:

- 250 g Magerquark
- 1 Ei
- 60 g weiche Butter
- 6–8 EL Milch
- 200 g Dinkelvollkornmehl
- 200 g Mehl (z. B. Dinkelmehl Type 630 oder Weizenmehl Type 405)
- 1 Pck. Backpulver
- 1 ½ TL Salz
- 1 Eigelb (alternativ zerlassene Butter) zum Bestreichen

1. Backofen auf 170 °C Umluft vorheizen. Zwei Backbleche mit Backpapier belegen.
2. Magerquark, Ei, Butter und 6 EL Milch verrühren.
3. Die trockenen Zutaten vermischen.
4. Alle Zutaten (bis auf das Eigelb) in einer Schüssel gut verkneten. Evtl. noch etwas Milch hinzufügen und zu einem glatten Teig verrühren.
5. Den Teig in 2 Teile teilen und jeweils zu einer Kugel formen.
6. Eine Kugel dünn kreisförmig mit einem Durchmesser von 33–35 cm ausrollen, dann in 12 gleichmäßige Dreiecke schneiden.
7. Von der breiten Außenseite nach innen einrollen. Die Spitze des Dreiecks gut an das Hörnchen andrücken und auch die spitzen Enden evtl. noch etwas festdrücken.
8. Auf eines der Bleche legen.
9. Vorgang mit der anderen Teigkugel wiederholen und auf das andere Blech geben.
10. Eigelb mit 1 EL Milch verquirlen und die Hörnchen damit bestreichen. In den Ofen schieben und ca. 10–13 Minuten backen.

TIPPS: Man kann die Hörnchen auch mit Weizenvollkornmehl und Weizenmehl Type 405 backen. Vor dem Backen z. B. noch mit Sesamsamen oder Käseraspel bestreuen. Die Hörnchen können auch gefüllt werden, entweder herzhaft mit Käse oder süß mit einer Dattel oder Marmelade. Oder man macht 1 Blech mit normalen Hörnchen und 1 Blech mit süß gefüllten Hörnchen.
Sie lassen sich auch gut einfrieren. Bei Bedarf einfach auftauen lassen oder ganz kurz in der Heißluftfritteuse oder im Backofen knusprig aufbacken.

Maped

LUNCHBOX 33:
Couscous-Linsen-Bällchen, Karottensticks, Radieschen und Kiwiblumen

DAS IST DRIN:

Couscous-Linsen-Bällchen (S. 114)
1 Karotte
ein paar Radieschen
1 Kiwi

SO WIRD'S GEMACHT:

1. Couscous-Linsen-Bällchen zubereiten und abkühlen lassen.
2. Gemüse waschen und abtrocknen.
3. Karotten nach Belieben schälen, dann in Stifte schneiden. Radieschen putzen. Aus einer Hälfte des Radieschens einen Pilzstiel ausschneiden. Aus der anderen Hälfte mehrere Kreise ausstechen für die »Punkte« des Fliegenpilzes.
4. Kiwi auf die Arbeitsfläche legen, die Spitze eines kleinen scharfen Messers ungefähr in der Mitte der Kiwi ansetzen und nun Dreieck für Dreieck bis ungefähr zur Mitte der Kiwi einschneiden bis man wieder am Anfang angekommen ist. Die Kiwihälften dann vorsichtig auseinandernehmen.
5. Alle Zutaten in die Fächer der Lunchbox verteilen.

TIPP: Die Couscous-Linsen-Bällchen kann man auch durch Frikadellen/Hackbällchen (S. 26) ersetzen.

Ohne Dekorieren/wenn's schneller gehen muss: Kiwi halbieren und Löffel zum Auslöffeln mitgeben oder schälen und in Scheiben schneiden. Karotte und Radieschen am Stück belassen.

COUSCOUS-LINSEN-BÄLLCHEN

Zutaten für 1–2 Portionen:

- 30 g rote Linsen
- 400 ml Gemüsebrühe
- 120 g Couscous
- ½ Karotte (ca. 50 g)
- 2 Stängel frische Petersilie
- 1 EL Zitronensaft
- Salz
- Pfeffer
- 1 Prise gemahlener Kreuzkümmel
- 1 Prise Kurkuma
- Paprikapulver (edelsüß)
- 1 TL Tomatenmark

1. Linsen mit heißem Wasser durchspülen und abtropfen lassen. Dann in die Brühe geben und ca. 10 Minuten kochen lassen.
2. Couscous hinzufügen und ca. 5–7 Minuten auf niedriger Hitze durchziehen lassen, bis die Brühe komplett aufgesogen wurde. Dabei mehrmals umrühren. Dann etwas abkühlen lassen.
3. In der Zwischenzeit Petersilie waschen, trocken schütteln und fein hacken.
4. Backofen auf 220 °C Ober-/Unterhitze vorheizen. Ein Backblech mit Backpapier belegen.
5. Alle Zutaten zur Linsen-Couscous-Mischung hinzufügen und mit befeuchteten Händen (oder besser Einmalhandschuhe, denn Kurkuma kann abfärben) zu kleinen Bällchen in beliebiger Größe formen. Nach Bedarf etwas Mehl hinzufügen, damit die Masse besser zusammenhält.
6. Auf das Blech geben und 10–15 Minuten backen.

TIPP: Alternativ können die Bällchen auch in Öl in der Pfanne herausgebraten werden.

LUNCHBOX 34:

Pizzaschnecken, Kirschtomaten, Gurken, Weintrauben, Karottenstifte und Nüsse

DAS IST DRIN:

- Pizzaschnecken (S. 116)
- ein paar bunte Kirschtomaten
- 1 Stück Salatgurke
- 1 kleine Karotte
- ein paar Weintrauben (hell und dunkel)
- 1 Portion Nüsse nach Belieben (z. B. Walnüsse oder Nuss-Kerne-Mix)

SO WIRD'S GEMACHT:

1. Pizzaschnecken zubereiten und auskühlen lassen.
2. Gemüse und Weintrauben waschen und abtrocknen.
3. Gurke in Scheiben schneiden
4. Karotte putzen, schälen und in kurze Stifte schneiden.
5. Alles schön bunt in der Brotdose anordnen.

TIPPS: Für eine schnelle Variante ohne Vollkorn lässt sich auch Blätterteig verwenden. Das Vollkornmehl kann man auch durch Weizenmehl Type 405 oder Dinkelmehl Type 630 ersetzen. Der Belag lässt sich beliebig variieren. Lecker schmeckt z. B. auch ein Belag wie für Flammkuchen: Dazu mit ca. 50–70 g Schmand bestreichen, salzen, pfeffern, 80 g Katenschinkenwürfel und ½ gewürfelte Zwiebel auf dem Teig verteilen.

PIZZASCHNECKEN

Zutaten für 15–20 Stück:

Für den Teig:

- 9 g Frischhefe oder 3 g Trockenhefe
- 200 g Vollkornmehl (z. B. Dinkelvollkornmehl)
- 1 EL Olivenöl
- ½–1 TL Salz

Für den Belag:

- 2–3 EL Tomatenmark
- 40–50 g geraspelter Mozzarella oder Käse nach Belieben
- 80 g Schinken
- 50 g Salami
- 1 EL Butter (optional)

1. Hefe in 110 ml lauwarmes Wasser einrühren und auflösen.
2. Mehl hinzufügen und alles gut durchkneten.
3. Olivenöl und Salz hinzugeben und alles zu einem glatten Teig verkneten, bei Bedarf noch etwas Wasser hinzufügen, falls der Teig noch zu trocken ist. Zu einer Kugel formen, in eine Schüssel geben und mit Frischhaltefolie oder einem feuchten Küchentuch abdecken. Ca. 1 Stunde an einem warmen Ort gehen lassen, bis sich der Teig in etwa verdoppelt hat.
4. Backofen auf 220 °C Ober-/Unterhitze vorheizen. Ein Backblech mit Backpapier belegen.
5. Hefeteig etwa auf die Größe eines Backblechs dünn ausrollen.
6. Dann mit Tomatenmark dünn bestreichen, mit Mozzarella bestreuen und mit Schinken und Salami (in Scheiben oder gewürfelt) belegen. An einer langen Seite einen Rand von ca. 1,5 cm frei lassen und nicht belegen. Damit werden die Schnecken geschlossen bzw. der Teig angedrückt.
7. Für ein einfacheres Aufrollen ist es besser, den Teig zu halbieren, also mittig der Länge nach durchzuschneiden. Den Teig nun von der Seite mit dem Belag vorsichtig eng einrollen und den Rand (ohne Belag) gut festdrücken. Mit der anderen Teighälfte genauso verfahren.
8. Die Rollen jeweils mit einem scharfen Messer in 1,5–2 cm breite Scheiben schneiden und auf dem Blech gleichmäßig verteilen.
9. Nach Belieben die Butter schmelzen und Schnecken damit bestreichen.
10. Im Ofen ca. 12–15 Minuten backen.

Welche Tiere findest du auf dem Bauernhof? Zu einem
Bauernhof gehören Kühe, Schweine und
Hühner, manchmal auch Schafe oder
Ziegen, Gänse oder Kaninchen.
Alle diese Tiere sind Nutztiere
und der Bauer die Eier, die Milch
verkaufen, um davon zu leben.

LUNCHBOX 35:
Dinkel-Cracker, Mini-Würstchen, Käsestücke, Gurken- und Karottensticks

DAS IST DRIN:

- Dinkel-Cracker (s. u.)
- 1 kleine Karotte
- 1 Stück Salatgurke
- 1 Stück Käse
- ein paar Mini-Würstchen (z. B. Salami oder Wiener)

SO GEHT'S:

1. Dinkel-Cracker zubereiten und auskühlen lassen.
2. Gemüse waschen und abtrocknen und jeweils in Stücke schneiden.
3. Käse ebenfalls in Stücke schneiden.
4. Alle Zutaten in die Fächer der Lunchbox hinzufügen.

TIPP: Anstatt der Wurst kann man auch gebratene Hähnchenbruststreifen anbieten oder einen Kräuterquark (S. 81) als Dip hinzufügen.

DINKEL-CRACKER

Zutaten für 1 Blech:

- 40 g geschrotete Leinsamen
- 170 g Dinkelvollkornmehl
- 1 TL Backpulver
- ½ TL Salz
- 1 EL Olivenöl
- 1 ½ EL Sesam

1. Backofen auf 180 °C Umluft vorheizen. Ein Backblech mit Backpapier belegen.
2. Leinsamen in 100–120 ml lauwarmem Wasser ca. 10 Minuten quellen lassen.
3. Trockene Zutaten vermischen. Dann Leinsamen hinzufügen und mit den Händen zu einem glatten Teig verkneten. Falls der Teig zu trocken ist, noch etwas Wasser hinzufügen.
4. Teig auf dem Blech ausrollen (nach Bedarf ein weiteres Backpapier auf die Teigmasse legen und beim Ausrollen zu Hilfe nehmen).
5. In beliebig große Stücke schneiden (z. B. 3 × 3 cm).
6. Mit Öl bestreichen und mit Sesam bestreuen, dann 10–15 Minuten knusprig backen.

Dieses Rezept wird für die Lunchbox-Ideen auf S. 118 und S. 145 verwendet.

TIPPS: Die Dinkel-Cracker kann man mit Saaten und Körner nach Belieben bestreuen: z. B. Sonnenblumenkerne, Kürbiskerne oder auch Mohn oder Chiasamen. Vor dem Backen mit etwas Reibekäse bestreuen und man erhält Käsecracker.

Anstatt des Dinkelvollkornmehls kann man auch Weizenvollkornmehl oder auch Weizenmehl Type 405 oder Type 550 verwenden.

LUNCHBOX 36:
Herzhafter French Toast, Obst-Skyr-Salat und Paprikastücke

DAS IST DRIN:

- Herzhafter French Toast (s. u.)
- Obst-Skyr-Salat (S. 121)
- 1 gelbe Mini-Paprikaschote

SO WIRD'S GEMACHT:

1. Herzhaften French Toast und Obst-Skyr-Salat zubereiten. Den Toast abkühlen lassen.
2. Paprikaschote waschen, abtrocknen, entkernen und in Stücke schneiden.
3. Die restlichen Zutaten in die Lunchbox hinzufügen.

Ohne Dekorieren/wenn's schneller gehen muss: Mini-Paprikaschote zum Abbeißen im Ganzen hinzufügen.

HERZHAFTER FRENCH TOAST

Zutaten für 1 Portion:

- 1 Ei
- 30 ml Milch
- Salz
- Pfeffer
- 2 Scheiben Toast (z. B. Vollkorntoast, S. 72)
- 20 g Gouda
- 2 Scheiben Hähnchenbrust
- 1 EL Butter
- ein paar frische Schnittlauchhalme

1. Ei in einem tiefen Teller verquirlen, Milch einrühren, salzen und pfeffern. Toastscheiben beidseitig in die Ei-Milch-Mischung tunken.
2. Gouda in Würfel schneiden.
3. Auf einer Toastscheibe die Hähnchenbrustscheiben und die Goudawürfel verteilen, zweite Toastscheibe auflegen und gut andrücken.
4. Butter in einer Pfanne zerlassen und gefüllten Toast von beiden Seiten goldbraun anbraten. Vorsicht beim Wenden, damit die Füllung nicht rausfällt!
5. Schnittlauch waschen, trocken schütteln, fein hacken und French Toast damit garnieren.

TIPP: Nach Belieben z. B. mit Schinken oder Salami und Käse oder Kräutern mit Käse füllen.

OBST-SKYR-SALAT

Zutaten für 1 Portion:

20 g Heidelbeeren
2–3 Erdbeeren
½ TL Honig oder Süße nach Belieben (Dattelsüße, S. 156, oder Reissirup)
60 g Skyr

1. Heidelbeeren und Erdbeeren waschen und abtrocknen, dann evtl. kleiner schneiden.
2. Mit den restlichen Zutaten vermischen.

TIPPS: Anstelle von Skyr kann man auch Joghurt verwenden (z. B. griechischen Joghurt Natur). Anstatt der Heidelbeeren schmecken auch Himbeeren oder ein paar Bananenscheiben.

LUNCHBOX 37:
Hähnchen-Gemüse-Reis mit bunten Obstspießen

DAS IST DRIN:

- Hähnchen-Gemüse Reis (s. u.)
- ½ Banane
- ½ Kiwi
- 3 Erdbeeren
- Holzspieße, bunte Spieße, o. Ä.

SO WIRD'S GEMACHT:

1. Hähnchen-Gemüse-Reis zubereiten und abkühlen lassen.
2. Banane und Kiwi schälen.
3. Erdbeeren waschen, abtrocknen, Grün entfernen.
4. Obst in Scheiben schneiden und abwechselnd schön bunt auf Spieße aufstecken.
5. Alle Zutaten in die Fächer der Lunchbox verteilen.

Ohne Dekorieren/wenn's schneller gehen muss: Anstatt auf Spieße gesteckt kann man das Obst auch einfach ungeschnitten mitgeben, z. B. ½ Banane, die Kiwi halbiert mit einem Löffel zum Auslöffeln und ein paar Erdbeeren am Stück.

HÄHNCHEN-GEMÜSE-REIS

Zutaten für 1 Portion:

- 60 g Reis (z. B. Langkornreis)
- 30 g Erbsen (TK)
- 110 g Hähnchenbrustfilet
- Salz
- Pfeffer
- 1 TL Öl (z. B. Rapsöl)
- 30 g Mais (aus der Dose)

1. Reis mit warmem Wasser durchspülen, dann abseihen. Mit den Erbsen und der 1½-fachen Menge Wasser im Reiskocher oder einem Topf garen.
2. Hähnchenbrustfilet in mundgerechte Stücke schneiden, nach Belieben würzen.
3. Öl in einer Pfanne erhitzen, Hähnchen darin scharf anbraten. Hitze herunterstellen. Mais abgießen, gut abtropfen lassen und zum Fleisch geben.
4. Danach mit dem Erbsen-Reis vermischen.

TIPPS: Ideal zur schnellen Verwertung von Reis vom Vortag (ca. 150–180 g gekochter Reis). Die gefrorenen Erbsen kann man durch etwas mehr Mais aus der Dose ersetzen oder einfach 1 Kirschtomate klein schneiden. Anstatt des gebratenen Hähnchenbrustfilets kann man auch Stücke von Schinken, Putenwurst oder ein paar Paprika- oder Zucchiniwürfel unterheben. Auch lecker als Reissalat. Dazu einfach 1–2 TL Essig und 1 TL Öl einrühren. Nach Belieben noch mit frisch gehackten Kräutern wie Petersilie verfeinern.

LUNCHBOX 38:

Süße Erdbeer-Rollen, Gurkenblumen und Käse-Wurst-Tomaten-Spieße

DAS IST DRIN:

- Süße Erdbeer-Rollen (S. 125)
- 1 Stück Salatgurke
- ein paar Dattel- oder Kirschtomaten
- etwas Käse am Stück (z. B. Cheddar oder Gouda)
- ein paar Scheiben gekochten Schinken oder Hähnchenbrustfilet oder Putenwurst
- Plätzchenausstecher nach Belieben (z. B. Blumen)
- Holzspieße, bunte Spieße o. Ä.

SO WIRD'S GEMACHT:

1. Süße Erdbeer-Rollen zubereiten.
2. Gemüse waschen und abtrocknen.
3. Gurke in Scheiben schneiden und Blumen ausstechen.
4. Käse erst in Scheiben, dann zu großen Würfeln schneiden.
5. Wurstscheiben aufrollen. Die Röllchen wiederum halbieren.
6. Auf Spieße stecken. Dazu Wurst und Käse abwechselnd aufstecken und mit einer halbierten Tomate abschließen.
7. Alle Zutaten in die Fächer der Lunchbox verteilen.

Ohne Dekorieren/wenn's schneller gehen muss: Gurke nur in Scheiben oder grobe Sticks schneiden. Wurst, Käse und Tomaten nicht auf Spieße stecken, sondern einfach in ein Fach der Lunchbox füllen.

SÜSSE ERDBEER-ROLLEN

Zutaten für 1 Portion:

30 g Frischkäse

½ TL Honig oder Süße nach Belieben (Dattelsüße, S. 156, oder Reissirup)

1 Vollkorn-Wrap (S. 96)

4 Erdbeeren

20 g Knuspermüsli ohne Zuckerzusatz oder Haferflocken

1. Frischkäse mit Süße glatt rühren, Wrap damit einseitig bestreichen.
2. Erdbeeren waschen, abtrocknen, Grün entfernen und in Scheiben schneiden. Auf Wrap verteilen, Müsli darübergeben. Dabei 2 Fingerbreit Platz zu den Enden hin freihalten.
3. Den Wrap von einer Seite aus möglichst eng einrollen. Dann mehrmals durchschneiden, sodass Wrap-Röllchen entstehen, und diese eng in ein Fach der Lunchbox einfüllen. Wenn nötig, Enden nochmals mit etwas Frischkäse fixieren.

TIPP: Anstatt der Erdbeeren kann man auch anderes Obst verwenden wie z. B. Banane, Kiwi, Nektarinen etc. in Scheiben.

15
05

LUNCHBOX 39:

Bohnen-Mais-Salat, Tortilla-Chips, Avocado-Dip und bunte Snacktomaten

DAS IST DRIN:

- Bohnen-Mais-Salat (s. u.)
- Tortilla-Chips (S. 128)
- Avocado-Dip (S. 128)
- ein paar bunte Kirschtomaten

SO WIRD'S GEMACHT:

1. Bohnen-Mais-Salat, Tortilla-Chips und Avocado-Dip zubereiten. Die Tortilla-Chips auskühlen lassen.
2. Tomaten waschen und abtrocknen.
3. Alle Zutaten in die Fächer der Lunchbox verteilen.

BOHNEN-MAIS-SALAT

Zutaten für 1 Portion:

- 1 Stück gelbe Paprikaschote
- 40 g Mais (aus der Dose)
- 30 g Kidneybohnen (aus der Dose)
- ¼ TL Zwiebelgranulat
- ½ TL Zitronensaft
- ¼ TL getrockneter Oregano
- Salz
- Pfeffer
- ½ TL frische Schnittlauchröllchen

1. Paprikaschote waschen, abtrocknen, entkernen und in Würfel schneiden. Mais abgießen und abtropfen lassen, dabei die Flüssigkeit auffangen und 2 EL abmessen. Kidneybohnen abgießen, mit Wasser durchspülen und abtropfen lassen.
2. Paprikaschote und Mais mit der Flüssigkeit mit Kidneybohnen, Zwiebelgranulat, Zitronensaft und Oregano vermischen. Mit Salz und Pfeffer abschmecken.
3. Mit Schnittlauchröllchen bestreuen.

TIPPS: Lässt sich sehr gut am Vortag zubereiten: z. B. aus Resten von Kidneybohnen und Mais, wenn man am Vortag ein Chili con carne gekocht hat. Oder den Salat einfach in größerer Menge herstellen. Als Abendessen planen und einen Teil am nächsten Tag für die Lunchbox im Kühlschrank aufbewahren.

TORTILLA-CHIPS

Zutaten für 1 Portion:

1 Vollkorn-Wrap (S. 96)
Öl zum Einsprühen oder Bepinseln
Gewürze nach Belieben (z. B. Salz, Pfeffer, edelsüßes Paprikapulver etc.)

1. Backofen auf 160 °C Ober-/Unterhitze vorheizen. Ein Backgitter mit Backpapier belegen.
2. Wrap in Dreiecke schneiden, beidseitig mit Öl bepinseln oder einsprühen, dann nach Belieben würzen.
3. Auf das Gitter legen und auf mittlerer Schiene ca. 15 Minuten goldbraun backen.

TIPPS: Falls eine Heißluftfritteuse vorhanden ist, einfach 5–10 Minuten knusprig backen. Auch hier kann man eine größere Menge für den Abend zum Knabbern vorbereiten und am nächsten Tag in die Lunchbox mitgeben. Auch lecker zum Dippen in Salsa.

AVOCADO-DIP

Zutaten für 1 Portion:

1 Avocado
1 EL Zitronensaft
Salz
Pfeffer

Avocado halbieren, entkernen und Fruchtfleisch mit einem Löffel aus der Schale holen. In eine kleine Schüssel geben, mit einer Gabel fein zerdrücken, dann mit Zitronensaft, Salz und Pfeffer abschmecken. Der Zitronensaft sorgt auch dafür, dass sich der Avocado-Dip nicht dunkel verfärbt.

TIPPS: Dem Dip kann man noch kleine Paprikawürfel oder 1 EL frisch gehackte Kräuter wie Petersilie hinzufügen.

LUNCHBOX 40:
Mäuse-Pancakes mit Erdbeer-Chia-Marmelade und Gurkenviertel

DAS IST DRIN:

Mäuse-Pancakes (s. u.)
Erdbeer-Chia-Marmelade (S. 130)
1 Stück Salatgurke

SO WIRD'S GEMACHT:

1. Mäuse-Pancakes und Erdbeer-Chia-Marmelade zubereiten und auskühlen lassen.
2. Salatgurke waschen und abtrocknen. Gurkenstück hochkant aufstellen und der Länge nach vierteln. Dann Scheiben abschneiden.
3. Die Zutaten in die Fächer der Lunchbox verteilen.

Ohne Dekorieren/wenn's schneller gehen muss: Normale Pancakes ausbacken statt in Mäuseform. Die Gurken in grobe Scheiben oder Sticks schneiden.

MÄUSE-PANCAKES

Zutaten für 1–3 Pancakes, je nach Größe:

30 g Mehl (z. B. Dinkelmehl Type 630)
¼ TL Backpulver
1 Prise Salz
½ TL Honig oder Süße nach Belieben (Dattelsüße, S. 156, oder Reissirup)
1 Ei
30 ml Milch
Öl zum Braten (z. B. Sonnenblumenöl)
Quetschflasche

1. Mehl mit Backpulver, Salz und Süße vermischen.
2. Ei und Milch einrühren.
3. Teig in die Quetschflasche füllen.
4. Pfanne mit Öl auspinseln oder einsprühen. Auf mittlere Stufe erhitzen. Dann die Mäuse-Pancakes backen. Dazu erst die Ränder der runden »Ohren« mit der Quetschflasche zeichnen und die Linie des runden »Kopfes« aufspritzen. Erst dann die jeweiligen Linien mit Teig aus der Quetschflasche ausfüllen. Dabei zügig arbeiten, damit nichts anbrennt. Bei Bedarf die Hitze etwas niedriger stellen. Alternativ einen großen Pancake herausbacken und mit Maus-Ausstecher den »Mäuschen-Kopf« ausstechen.
5. Sobald der Teig kleine Bläschen wirft, vorsichtig wenden.

ERDBEER-CHIA-MARMELADE

Zutaten für 1–2 Portionen:

100 g frische Erdbeeren
1 TL Zitronensaft
½ TL Honig oder Süße nach Belieben (Dattelsüße, S. 156, oder Reissirup)
1 TL (weiße) Chiasamen

1. Erdbeeren waschen, Grün entfernen, mit Zitronensaft und Honig pürieren.
2. In einer hitzebeständigen Schüssel für ca. 10–20 Sekunden bei voller Leistung in der Mikrowelle erhitzen, Chiasamen einrühren, für 1–2 Stunden (oder über Nacht) auskühlen und quellen lassen. Alternativ kann man alles auch in einen kleinen Topf geben und kurz aufkochen lassen.

TIPPS: Funktioniert auch mit anderen Beeren wie z. B. Heidel- oder Himbeeren. Wenn man die Beeren kurz aufkocht wie in diesem Rezept, ist die Chia-Marmelade etwa 5 Tage im Kühlschrank haltbar. Falls man sie bereits am gleichen oder nächsten Tag verbraucht, reicht es auch, die Früchte mit Zitronensaft und evtl. Süße zu pürieren, die Chiasamen einzurühren und quellen zu lassen, ohne alles aufzukochen.

Eine schnelle Marmelade kann man auch ohne Chiasamen und dafür mit etwas Agar Agar herstellen.

TIPPS: Mit Pancake-Teig und einer Quetschflasche lassen sich noch viele weitere lustige Formen herstellen. Weitere Ideen gibt es auf happyfitfood.de/kinder-lunchbox.

YAY!
handmade
FÜR DICH
HERZEN
LIEB GEMACHT

LUNCHBOX 41:
Wassermelonenpizza, Gurken-Burger und Paprika-Pommes

DAS IST DRIN:

2 Kiwischeiben
1 Erdbeere
3 Heidelbeeren
1 Stück Salatgurke
½ gelbe Paprikaschote
1 Stück Wassermelone
Aufstrich nach Wahl (z. B. Frischkäse, Honig oder Reissirup)
1 TL Kokosraspel
1 Stück Fleischwurst

SO WIRD'S GEMACHT:

1. Kiwi schälen und in Scheiben schneiden.
2. Obst und Gemüse (bis auf die Wassermelone) waschen und abtrocknen.
3. Das Grün der Erdbeeren entfernen und die Erdbeeren in Scheiben schneiden, die Heidelbeeren etwas anschneiden. Nun die Wassermelone wie eine Pizza belegen: Dazu auf die Schnittflächen der Beeren und die Kiwischeiben nach Belieben etwas Aufstrich geben und auf dem Wassermelonenstück »aufkleben«.
4. Mit Kokosraspel bestreuen.
5. Gurke und Fleischwurst in dickere Scheiben schneiden und immer 2 Gurkenscheiben und eine Fleischwurst als Sandwich zusammenfügen. Evtl. etwas Frischkäse zum »Verkleben« verwenden.
6. Paprikaschote entkernen und in Streifen schneiden.
7. Alle Zutaten in die Fächer der Lunchbox verteilen.

TIPPS: Damit alles an seinem Platz bleibt, wäre es von Vorteil, die Lunchbox liegend zu transportieren. Ansonsten ist es auch eine tolle Idee für einen Nachmittagssnack zu Hause oder die nächste Kinderparty.

Die Fleischwurst kann man durch Wurst oder Käse nach Belieben ersetzen. Ebenso könnte man eine dickere Schicht Kräuter-Frischkäse als Aufstrich verwenden.

Ohne Dekorieren/wenn's schneller gehen muss: Anstatt die Melone als Pizzastück anzurichten, kann man auch alle Bestandteile einfach in Scheiben oder Stücke schneiden und jeweils in die Fächer der Lunchbox geben.

LUNCHBOX 42:
Würstchen im Teigmantel, bunte Snacktomaten, Aprikosen-Kokos-Kugeln und Brombeeren

DAS IST DRIN:

- 2 Würstchen im Teigmantel (S. 148)
- Aprikosen-Kokos-Kugeln (s. u.)
- ein paar bunte Dattel- oder Kirschtomaten
- ein paar Brombeeren

SO WIRD'S GEMACHT:

1. Würstchen im Teigmantel und Aprikosen-Kokos-Kugeln zubereiten. Die Würstchen auskühlen lassen.
2. Tomaten und Brombeeren waschen und abtrocknen.
3. Bunt in die Fächer der Lunchbox verteilen.

APRIKOSEN-KOKOS-KUGEL

Zutaten für 10–15 kleine Kugeln:

- 40 g Walnüsse
- 150 g getrocknete Aprikosen
- 40 g Haferflocken
- 3 EL Kokosraspel

1. Walnüsse in einer Küchenmaschine grob zerkleinern.
2. Aprikosen hinzufügen und noch mal mixen.
3. Haferflocken einfüllen und pulsartig mixen.
4. Die klebrige Masse mit befeuchteten Händen je nach gewünschter Größe zu 10–15 kleinen Kugeln formen.
5. Kokosraspel in einen tiefen Teller geben und die Aprikosenkugeln darin wälzen und die Raspel etwas andrücken.
6. Für mindestens 30 Minuten in den Kühlschrank stellen, damit sie fest werden.

TIPP: In einem luftdichten Behälter im Kühlschrank lagern.

I ♥ Pause

NINJA
POWER

LUNCHBOX 43:
Gurken-Kresse-Brot, Ninja-Minikäse und Apfelschnitze

DAS IST DRIN:

- 2 Scheiben Brot (z. B. Karotten-Dinkel-Brot, S. 138, oder Vollkorn-Brot, S. 36)
- 2 EL frische Kresse
- 1 Stück Salatgurke
- 1 Blatt Eisbergsalat
- Frischkäse
- 1 hart gekochtes Ei
- Salz
- Pfeffer
- 2 Mini-Käse
- schwarze Lebensmittelfarbe (optional)
- 1 Stück Apfel
- 1 TL Zitronensaft
- Holzspieße o. Ä.

SO WIRD'S GEMACHT:

1. Karotten-Dinkel-Brot oder Vollkornbrot backen und auskühlen lassen.
2. Kresse, Gurke und Salat waschen und abtrocknen.
3. Eine Brotscheibe mit Frischkäse bestreichen, mit Kresse bestreuen und mit Salat belegen.
4. Ei schälen, zusammen mit Gurke in Scheiben schneiden. Gurke und Ei auf den Salat geben. Mit Salz und Pfeffer würzen, mit zweiter Brotscheibe belegen, dann das Brot-Sandwich halbieren.
5. Wachsschale vom Mini-Käse mittels Lasche öffnen, mit Lebensmittelfarbe Augen aufmalen.
6. Apfel waschen, Kerngehäuse entfernen, in Scheiben schneiden. Mit einigen Spritzern Zitronensaft beträufeln, um Verfärbungen zu vermeiden.
7. Alle Zutaten in die Lunchbox geben.

TIPPS: Das Brot kann man nach Belieben belegen, z. B. mit Käse, Wurst und Salat oder gegarter Hähnchenbrust in Scheiben oder aber nur mit Frischkäse oder Kräuterquark. Apfel durch Obst nach Belieben (z. B. ein paar Weintrauben oder Beeren) ersetzen.

Ohne Dekorieren/wenn's schneller gehen muss: Anstatt Mini-Käse-Ninjas kann man den Käse ganz einfach ohne aufgemalte Augen hinzufügen. Brot nur mit Frischkäse bestreichen und mit Salat und Kresse belegen. Gurken in groben Stücken oder Scheiben und das gepellte Ei z. B. halbiert hinzufügen.

KAROTTEN-DINKEL-BROT

Zutaten für 1 Brot:

50 g geschrotete Leinsamen
50 g Sonnenblumenkerne (nach Belieben kleiner hacken)
50 g Haferflocken
250 g Vollkornmehl (z. B. Dinkel- oder Weizenmehl)
250 g Mehl (z. B. Dinkelmehl Type 630 oder Weizenmehl Type 550)
2 TL Salz
2 EL Haferkleie (optional)
1 TL Natron
1 Pck. Backpulver
200 g Karotten
1 Ei
350 g Joghurt
Öl zum Fetten der Form
Kastenform 30 cm Länge

1. Backofen auf 180 °C Umluft vorheizen, Kastenform einfetten und mit Backpapier auskleiden.
2. Jeweils ca. 10 g Leinsamen, Sonnenblumenkerne und Haferflocken für später beiseite stellen.
3. Alle trockenen Zutaten in einer Rührschüssel vermischen.
4. Karotten waschen, abtrocknen, evtl. schälen, dann fein raspeln.
5. Ei und Joghurt verquirlen. Karottenraspel untermengen.
6. Trockene Zutaten nach und nach einrühren und dann zu einem homogenen Teig kneten.
7. Zu einer dicken Rolle formen, die etwas kürzer als die Kastenform ist.
8. Restliche Leinsamen, Sonnenblumenkerne und Haferflocken auf die Arbeitsfläche geben und Brot darin wälzen, dann in die Kastenform geben.
9. Mit einem Messer die Oberfläche der Länge nach leicht einschneiden. Mit Wasser bepinseln.
10. Im Ofen ca. 45–50 Minuten backen.

TIPP: Anstatt des Leinsamens und der Sonnenblumenkerne kann man auch Sesam, Chiasamen oder Kürbiskerne untermischen.

LUNCHBOX 44:
Nudelsalat und Beeren-Fruchtleder

DAS IST DRIN:

Nudelsalat (s. u.)
Fruchtleder (S. 140)

SO WIRD'S GEMACHT:

1. Nudelsalat und Fruchtleder zubereiten.
2. In die Fächer der Lunchbox füllen.

NUDELSALAT

Zutaten für 1 Portion:

- 40 g Spiralnudeln (z. B. Vollkorn-Spiralnudeln)
- 1 TL Öl (z. B. Rapsöl)
- 60 g Salatgurke
- 60 g Kirschtomaten
- 60 g Mais (aus der Dose)
- 40 g Schafs- oder Ziegenkäse
- 1 TL Essig (z. B. weißer Balsamico-Essig)
- Salz
- Pfeffer

1. Spiralnudeln laut Packungsanleitung in reichlich Salzwasser al dente kochen, abseihen, mit Öl beträufeln und auskühlen lassen.
2. Gemüse waschen und abtrocknen, bzw. abgießen. Gurke in Würfel schneiden, Kirschtomaten vierteln. Käse in kleine Stücke schneiden.
3. Alle Zutaten vermischen und mit Salz und Pfeffer abschmecken.

TIPPS: Ideal zur Verwertung von übrig gebliebenen oder vorgekochten Nudeln vom Vortag (ca. 120–150 g gekochte Nudeln). Anstatt des Schafs- oder Ziegenkäses kann man auch anderen Käse nach Belieben oder auch Stücke von Schinken, Putenwurst oder ein paar Paprika- oder Zucchiniwürfel unterheben.

FRUCHTLEDER

Zutaten für 2–3 Portionen:

- 100 g gemischte Waldbeeren (TK)
- 1 TL Dattelsüße (S. 156) oder Honig oder Süße nach Belieben

1. Beeren in einem Topf erhitzen, pürieren, Süße (falls verwendet) einrühren, bei mittlerer Hitze einköcheln lassen, bis eine sämige Masse entsteht.
2. Auf ein Backpapier dünn auftragen. Im Dörrautomaten auf Stufe 2 für ca. 2–4 Stunden trocknen. Alternativ im Backofen auf einem Backblech bei 50 °C Ober-/Unterhitze auf mittlerer Schiene 4–6 Stunden trocknen (einen Kochlöffel in die Tür einklemmen, damit die Feuchtigkeit entweichen kann).
3. Fruchtleder auskühlen lassen, beliebig in Streifen schneiden und einrollen.

TIPPS: Alternativ können auch andere Früchte, wie z. B. Mango, Erdbeeren usw. verwendet werden. Werden frische Früchte verarbeitet, müssen diese nicht mehr erhitzt, sondern können stattdessen gleich püriert werden.

ROCK
'N' R

Spitze
sehr gut
nur für eine

LUNCHBOX 45:

Kürbisbrötchen mit Karotten-Gurken-Sticks, Bananen-Delfin und Weintrauben

DAS IST DRIN:

Kürbisbrötchen (S. 144)
½ Bund Schnittlauch
Frischkäse oder Butter
1 kleine Karotte
1 Stück Salatgurke
ein paar dunkle Weintrauben
⅓ Banane

SO WIRD'S GEMACHT:

1. Kürbisbrötchen zubereiten und auskühlen lassen.
2. Schnittlauch waschen, trocken schütteln und in Röllchen schneiden.
3. Brötchen aufschneiden, mit Frischkäse oder Butter bestreichen und mit Schnittlauch bestreuen, dann Deckel wieder aufsetzen.
4. Gemüse und Trauben waschen und abtrocknen.
5. Karotte evtl. schälen, dann in kleine Stücke schneiden. Gurke in der gleichen Größe zuschneiden.
6. Für einen Bananen-Delfin kann man nur das Bananenende mit langem Stiel verwenden. Die Bananenspitze einschneiden und eine Weintraube darin einklemmen. Mit schwarzem, lebensmittelechtem Stift oder Lebensmittelfarbe ein Delphinauge auf die Banane aufmalen.
7. Alle Zutaten in die Fächer der Lunchbox verteilen.

Ohne Dekorieren/wenn's schneller gehen muss:
Bananenstück und grob geschnittene Karotten und Gurken in die Fächer der Lunchbox einfüllen.

KÜRBISBRÖTCHEN

Zutaten für 8–10 Stück:

200 g Hokkaido-Kürbis
50 g Butter
1 Ei
350 g Dinkelmehl Type 630
1 ½ TL Salz
3 TL Backpulver
etwas Milch zum Bestreichen
2 EL Kürbiskerne (optional)

1. Kürbis waschen, ggf. Kerne entfernen, in Stücke schneiden und in einem Topf mit etwas Wasser weich dünsten. Dann mit Butter pürieren und vollständig abkühlen lassen.
2. Backofen auf 180 °C Ober-/Unterhitze vorheizen. Ein Backblech mit Backpapier belegen.
3. Kürbismus mit Ei verrühren, dann restliche Zutaten (bis auf die Milch und die Kürbiskerne) hinzufügen.
4. Mit befeuchteten Händen zu 8–10 Brötchen (je nach gewünschter Größe formen). Ist der Teig zu klebrig, noch etwas Mehl hinzufügen.
5. Auf das Blech geben. Mit Milch bepinseln, nach Belieben mit Kürbiskernen bestreuen und diese andrücken.
6. Im Ofen 20–25 Minuten goldbraun backen.

LUNCHBOX 46:
Dinkel-Cracker, Mini-Würstchen, Selleriesticks mit Sesam-Dip und Erdbeer-Bananen-Würmchen

DAS IST DRIN:

Dinkel-Cracker (S. 118)
Sesam-Dip (S. 146)
3 Erdbeeren
1–2 Stangen Sellerie
½ Banane
Holzspieß o. Ä.
Augenspicker

SO WIRD'S GEMACHT:

1. Dinkelcracker und Sesam-Dip zubereiten. Die Cracker auskühlen lassen.
2. Erdbeeren und Selleriestangen waschen und abtrocknen.
3. Sellerie putzen und in etwa 5 cm lange Stücke schneiden.
4. Banane schälen und in Scheiben schneiden.
5. Grün der Erdbeeren entfernen.
6. Etwa ⅓ einer Erdbeere (das spitz zulaufende Ende) als Erstes auf den Spieß aufstecken. Rest dieser Erdbeere und eine weitere in Scheiben schneiden. Dann abwechselnd Erdbeer- und Bananenscheiben hinzufügen. Zum Schluss die ganze Erdbeere aufstecken und mit einem Augen-Spicker versehen.
7. Alle Zutaten in die Fächer der Lunchbox verteilen.

Ohne Dekorieren/wenn's schneller gehen muss: Die Erdbeeren und Banane kann man auch einfach in die Lunchbox hinzufügen, ohne ein Würmchen mit einem Spieß zu erstellen.

SESAM-DIP

Zutaten für 1 Portion:

1 EL Tahini (Sesampaste)
2 EL griechischer Joghurt Natur
1 TL Sojasauce (optional)
Salz
Pfeffer

1. Alle Zutaten verrühren.
2. Mit Salz und Pfeffer abschmecken.

TIPP: In den Dip kann man noch 1 TL Sesam rühren.

LUNCHBOX 47:
Würstchen im gestreiften Teigmantel, Snackpaprika, Gurkenscheiben, Karottenstifte und bunte Beeren

DAS IST DRIN:

- 1–2 Würstchen im gestreiften Teigmantel (S. 148)
- 1 gelbe Mini-Paprikaschote
- 1 kleine Karotte
- 1 Stück Salatgurke
- ein paar Himbeeren
- ein paar Brombeeren

SO WIRD'S GEMACHT:

1. Würstchen im Teigmantel zubereiten und auskühlen lassen.
2. Gemüse und Beeren waschen und abtrocknen.
3. Karotte evtl. schälen und stifteln. Gurke (z. B. mit einem Riffelmesser) in Scheiben schneiden. Paprikaschote entkernen und ebenfalls in Scheiben schneiden.
4. Alles schön bunt in der Brotdose anrichten.

Ohne Dekorieren/wenn's schneller gehen muss:
Karotte und Gurke in groben Stücken hinzufügen, Snackpaprika am Stück belassen.

WÜRSTCHEN IM TEIGMANTEL

Zutaten für 10–20 Stück:

Für den Teig:

- 9 g Frischhefe oder 3 g Trockenhefe
- 200 g Vollkornmehl (z. B. Dinkelvollkornmehl)
- 1 EL Olivenöl
- ½–1 TL Salz

Zum Befüllen/Bestreuen:

- Würstchen nach Belieben (z. B. Wiener, Mini-Salami etc.)
- 1 Eigelb + 1 EL Milch zum Bestreichen
- Sesam zum Bestreuen

1. Hefe in 110 ml lauwarmen Wasser einrühren und auflösen.
2. Mehl hinzufügen und alles gut durchkneten.
3. Olivenöl und Salz hinzugeben und alles zu einem glatten Teig verkneten, bei Bedarf. noch etwas Wasser hinzufügen, falls der Teig zu trocken ist. Zu einer Kugel formen, in eine Schüssel geben und mit Frischhaltefolie oder einem feuchten Küchentuch abdecken. Ca. 1 Stunde an einem warmen Ort gehen lassen, bis sich der Teig in etwa verdoppelt hat.
4. Backofen auf 180 °C Umluft vorheizen. Ein Backblech mit Backpapier belegen.
5. Pizzateig etwa auf die Größe des Backblechs dünn ausrollen.
6. Teig in Streifen schneiden in der passenden Größe, um die Würstchen zu ummanteln oder einzuwickeln. Die Nahtstücke gut andrücken, damit sie nicht aufgehen.
7. Eigelb und Milch verquirlen und den Teigmantel damit bestreichen. Nach Belieben mit Sesam bestreuen. Auf das Blech legen und im Ofen ca. 12–15 Minuten backen.

Dieses Rezept wird für die Lunchbox-Ideen auf S. 134 und S. 147 verwendet.

TIPP: Für eine schnelle Variante ohne Vollkorn lässt sich auch Blätterteig verwenden. Vollkornmehl kann man durch Weizenmehl Type 405 oder Dinkelmehl Type 630 ersetzen.

112
POLICE

LUNCHBOX 48:

Bunter Brot-Spieß, Sterntaler aus Gurken, Karotten und Apfel

DAS IST DRIN:

- 1–2 Scheiben Vollkornbrot (S. 36) oder Karotten-Dinkel-Brot (S. 138)
- 1 Scheibe Gouda
- 1 Scheibe Cheddar
- 1 Stück Salatgurke
- 1 Stück Karotte
- 1–2 Dattel- oder Kirschtomaten
- 2 Apfelscheiben
- 1 TL Zitronensaft
- Plätzchenausstecher Stern
- Holzspieße o. Ä.

SO WIRD'S GEMACHT:

1. Vollkornbrot zubereiten und auskühlen lassen.
2. Käsescheiben jeweils in kleine, gleich große Quadrate schneiden.
3. Gemüse und Apfel waschen und abtrocknen.
4. Brot erst in Scheiben schneiden, dann in gleich große Quadrate, in etwa so groß wie die Käsestücke.
5. Gurke in Scheiben schneiden, evtl. noch etwas kleiner schneiden. Es sollen 6 Stücke entstehen. Tomaten ebenso kleiner oder zu Scheiben schneiden.
6. Nun die Brotspieße aufstecken. Erst Brot, dann ein paar Käsequadrate, Gurke, Tomate, dann wiederholen und mit einer Tomate abschließen.
7. Restliche Gurke und Karotte in etwa gleich dicke Scheiben schneiden. Mit der Sternform Sterne ausstechen. Die ausgestochenen Karottenstücke werden in die Gurke gesteckt und die ausgestochenen Gurkenstücke in die Karottenscheiben.
8. Aus den Apfelscheiben in der Mitte Sterne ausstechen und den Apfel damit auch gleich entkernen. Dann mit Zitronensaft beträufeln um Verfärbungen zu vermeiden.
9. In die Fächer der Lunchbox füllen.

Ohne Dekorieren/wenn's schneller gehen muss:
Gurken und Karotten in Scheiben oder grobe Stücke schneiden und nicht ausstechen. Brot mit Käse belegen und Snacktomaten und ½ Apfel am Stück in die Box hinzufügen.

LUNCHBOX 49:

Cheeseburger-Spieße, Gurkenscheiben, Nektarinen und Heidelbeeren

DAS IST DRIN:

4 Frikadellen/Hackbällchen (S. 26)
1 Scheibe Cheddar
1 Scheibe Salat (z. B. Eisberg- oder Kopfsalat)
2 Dattel- oder Kirschtomaten
1 Stück Salatgurke
1 Nektarine
ein paar Heidelbeeren
1 Gewürzgurke
Holzspieße o. Ä.

SO WIRD'S GEMACHT:

1. Frikadellen zubereiten.
2. Cheddar vierteln.
3. Salat, Gemüse und Obst waschen und abtrocknen.
4. Frikadellen mit Cheddar belegen und auf einem Teller kurz in die Mikrowelle geben, bis der Käse etwas schmilzt (diesen Schritt kann man auch auslassen, wenn man keine Mikrowelle zur Verfügung hat). Abkühlen lassen.
5. Gewürzgurke in Scheiben schneiden. Salatblatt in 4 Teile rupfen.
6. Pro Spieß je ½ Tomate, 1 Scheibe Gewürzgurke, 1 Salatstück und 1 Frikadelle mit Cheddar aufstecken.
7. Gurke (z. B. mit einem Riffelmesser) in Scheiben schneiden.
8. Den Stein der Nektarine entfernen und Frucht in Schnitze schneiden.
9. Alle Zutaten in die Fächer der Lunchbox verteilen.

Ohne Dekorieren/wenn's schneller gehen muss: Frikadellen, Käse, Salat, Essiggurkenstücke und Snacktomaten in ein Fach der Lunchbox geben. Salatgurke nur in Scheiben oder grobe Stücke schneiden. Aprikose halbieren und entkernen und mit Heidelbeeren in die Box geben.

Kindergarten

LUNCHBOX 50:
Gefüllte Crêpe-Röllchen, Radieschen, helle und dunkle Weintrauben

DAS IST DRIN:

Gefüllte Crêpe-Röllchen (S. 155)
ein paar helle Weintrauben
ein paar dunkle Weintrauben
ein paar Radieschen

SO WIRD'S GEMACHT:

1. Gefüllte Crêpe-Röllchen zubereiten.
2. Weintrauben und Radieschen waschen und abtrocknen. Radieschen putzen.
3. Alle Zutaten in die Fächer der Lunchbox verteilen.

GEFÜLLTE CRÊPE-RÖLLCHEN

Zutaten für 4–5 Stück:

30 g zerlassene Butter
1 Ei
100 ml Milch
100 ml Mineralwasser
140 g Dinkelmehl Type 630
Frischkäse
1 Bund Schnittlauch
Salz
Pfeffer
4–6 Radieschen
Öl zum Braten
Zahnstocher, Holzspieß o. Ä. (optional)

1. Flüssige Zutaten verquirlen.
2. Mehl untermischen und flüssigen Teig 10 Minuten stehen lassen.
3. Öl in die Pfanne geben und wenig Teig einfüllen. Am besten mit einem Crêpe-Teig-Verteiler (Holzstab) den Teig ganz glatt über die gesamte Pfannenbodenfläche verteilen. Alternativ die Pfanne nach dem Eingießen des Teiges gut schwenken, damit sich der Teig überall am Pfannenboden verteilt.
4. Sobald sich die Unterseite leicht bräunt, Crêpe wenden und fertig backen.
5. Vorgang wiederholen, bis der Teig aufgebraucht ist. Die Crêpes auskühlen lassen.
6. Schnittlauch und Radieschen waschen und abtrocknen.
7. Schnittlauch in Röllchen und Radieschen in feine Stifte schneiden.
8. Crêpes jeweils großzügig mit Frischkäse bestreichen, evtl. salzen und pfeffern, mit Schnittlauch und Radieschen bestreuen.
9. Dann eng aufrollen und Stücke abschneiden. Evtl. mit Zahnstocher oder Spicker fixieren.

TIPPS: Die Crêpes kann man beliebig herzhaft mit Schinken, Käse, Hummus, Salat, Paprikawürfel usw. oder auch süß mit Marmelade, Joghurt und Früchten etc. füllen.

Man kann die Crêpes auch einfach nur einrollen und am Stück belassen, also nicht durchschneiden.

Ohne Dekorieren/wenn's schneller gehen muss: Crêpes mit Frischkäse bestreichen und mit Schnittlauch bestreuen, dann im Ganzen oder nur halbiert in die Box geben. Radieschen im Ganzen hinzufügen.

Grundrezept für Süßungsmittel

In diesem Buch werden alle Rezepte ohne Industriezucker zubereitet. Als Süßungsmittel verwende ich süße Früchte und Trockenfrüchte sowie kleine Mengen an Honig, Reissirup oder Dattelsüße. Hier zeige ich Ihnen ein einfaches Rezept, um Dattelsüße selbst herzustellen.

DATTELSÜSSE

Zutaten für ca. 120 g:

100 g Soft-Datteln (ungeschwefelt, ungezuckert)

1. Soft-Datteln mit 4 EL Wasser pürieren, bei Bedarf noch etwas Wasser hinzufügen. Die Masse sollte zähflüssig sein.
2. Dann in ein Vorratsglas füllen.

TIPPS: Dattelsüße hält sich im Kühlschrank etwa 2–3 Wochen. Kann als Industriezuckeralternative zum Süßen z. B. in Gebäck verwendet werden. Anstatt der Soft-Datteln kann man auch getrocknete Datteln (ungeschwefelt, ungezuckert) verwenden. Diese sollte man dann in ein Glas oder eine Schüssel geben, abgekochtes Wasser einfüllen, bis sie vollständig bedeckt sind und für ca. 4–5 Stunden einweichen. Wasser abgießen und auffangen. Datteln in ein hohes Gefäß geben und mit 2–4 EL des abgekochten Wassers pürieren.

Über die Autorin

Veronika Pichl ist Autorin zahlreicher Kochbücher und Ratgeber. Mit ihren Büchern und ihrem Blog-Magazin »HappyFitFood – Gesunde Ernährung mit Fun-Faktor« möchte sie ihre Leser zu einem gesünderen und glücklicheren Leben inspirieren. Im riva Verlag sind bereits viele erfolgreiche Bücher von ihr erschienen. Sie lebt mit ihrem Mann und ihren beiden Kindern im schönen Mittelfranken. Mehr Infos zur Autorin und ihren Büchern finden Sie auf www.veronikapichl.de. Im Blog-Magazin von Veronika Pichl auf www.happyfitfood.de erscheinen regelmäßig leckere Rezepte, Meal-Prep- und Lunchbox-Ideen. Außerdem gibt es wissenswerte Beiträge, um mehr Bewegung in den Alltag zu bringen und Kilos zu verlieren, aber auch Tipps, um seine Ziele zu erreichen – für eine nachhaltige Lebensweise und mehr Zufriedenheit im Leben.

Bonusmaterial zum Buch

Auf **happyfitfood.de/Kinder-lunchbox** habe ich Ihnen weitere Tipps und hilfreiche Downloads für ausgewogene und kreative Brotdosen zusammengestellt. Hier finden Sie eine Lunchbox-Wochenplan-Vorlage, meine persönlichen Empfehlungen zu Lunchboxen und Zubehör, Video-Tutorials für Pancake-Figuren oder wie Sie z. B. Gemüse oder Käse in lustige Formen bringen können.

Herzliche Grüße
Veronika Pichl